Holz
Spielzeug

Hans-Werner Bastian

Holz
Spielzeug

Ideen, Werkzeuge, Bauanleitungen

Inhalt

Materialien, Werkzeuge und Arbeitstechniken

Im Zeitalter des Kunststoffs und der Computerspiele
brauchen unsere Kinder mehr denn je auch Spielzeuge,
die zur Entwicklung der eigenen Phantasie und Kreativität
beitragen. Aus Holz, dem natürlichsten Werkstoff,
werden nach wie vor die schönsten Spielzeuge gemacht.

Der Werkstoff Holz

Eine Auswahl herrlicher Holzspielzeuge für verschiedene Altersstufen bietet Ihnen vielfältige Möglichkeiten, Ihr Heimwerkerhobby für Ihren Nachwuchs – oder den Ihrer Freunde und Bekannten   einzusetzen. Die Palette reicht von der Eisenbahn für die ganz Kleinen bis hin zum Kasperltheater, bei dem größere Kinder sich schon selbst als Puppenspieler betätigen können.

Massives Holz

Alle in diesem Buch vorgestellten Spielzeuge sind aus massivem Holz gefertigt. In Bau- und Heimwerkermärkten bekommen Sie massives, allseitig gehobeltes Fichten- und Kiefernholz in verschiedenen Maßen. Viele kleine Teile sowie Rahmenkonstruktionen für den Möbelbau lassen sich daraus herstellen. Werden massive Hartholzteile benötigt, muß man in der Regel auf eine örtliche Tischlerei zurückgreifen, die einem die gewünschten Hölzer zusägt und hobelt. Schließlich verfügen die wenigsten Heimwerker über stationäre Holzbearbeitungsmaschinen, mit denen man Bohlen aufsägen und die Bretter und Kanthölzer anschließend hobeln kann.

Leimholz

Auch wenn es darum geht, einzelne Bretter zu größeren Platten zusammenzuleimen, ist der Heimwerker in der Regel überfordert. Hier bietet jedoch das vielfältige Angebot an Leimholzplatten eine ganz hervorragende Alternative. War dem engagierten Heimwerker früher der Bau größerer Massivholz-Möbel versagt, weil ihm sowohl die handwerklichen Kenntnisse als auch die entsprechenden Schreinermaschinen fehlten, so kann er heute aus einem riesigen Angebot an Leimholzplatten wählen, die ihm die Realisierung fast aller Projekte der Holzverarbeitung ermöglichen. Bei der Herstellung von Leimholz werden schmale Leisten zu Platten unterschiedlicher Stärke zusammengefügt. Als Standardstärke gelten 18 oder 19 mm. Für Tischplatten und ähnliche Verwendungszwecke werden auch 28 mm dicke oder noch stärkere Leimhölzer angeboten. Die Plattenformate sind sehr unterschiedlich. Sie richten sich nach den für den Regal- und Möbelbau üblichen Maßen.

Je nach Qualität der Platte werden nur durchgehende Leisten verarbeitet oder auch kürzere Stücke in der Länge gestoßen. Ebenso variiert die Häufigkeit von Asteinschlüssen. Die Oberfläche ist meist beidseitig geschliffen. Das kammergetrocknete Holz wird nach der Fertigstellung im Werk in Folie eingeschweißt. Es kann dann in der Heimwerkstatt verarbeitet werden, ohne daß Sie größeren Schwund des Materials durch Nachtrocknen befürchten müssen. Einmal aus der Folie genommenes Leimholz neigt aber stets dazu, sich nach einiger Zeit zu werfen. Man lagert es dann am besten so, daß man mehrere Teile mit Schraubzwingen aufeinandergepreßt, um Verwindungen zu vermeiden.

Das preiswerteste Leimholz besteht aus Fichte oder Tanne. Für den Möbelbau ist es durchaus geeignet, doch für Objekte wie unsere Spielzeuge wird man besser das etwas teurere Kiefernholz verwenden. Die Kiefer zeigt ein sehr

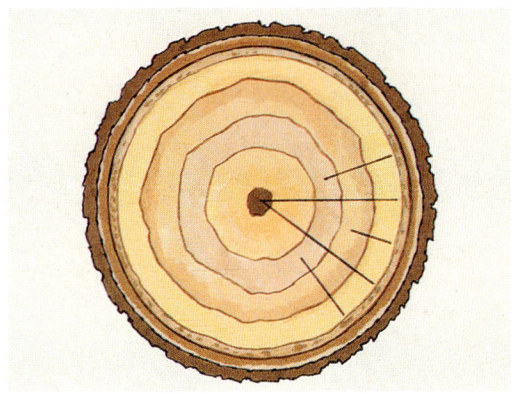

Ein Baumstamm besteht aus Mark, den Jahresringen, Bast und Borke sowie den vom Mark nach außen verlaufenden Markstrahlen. Größere Massivholzteile neigen aufgrund der ringförmigen Struktur dazu, sich zu verwerfen

schönes Maserungsbild, ist deutlich härter als Fichte oder Tanne und läßt sich hervorragend bearbeiten.

Hart- und Edelhölzer

Zu dem Standardangebot an Leimholz aus Fichte/Tanne und Kiefer kommt heute in gut sortierten Holzfachmärkten eine Auswahl von Hölzern wie Buche, Eiche, Ahorn, Esche oder sogar Mahagoni. Bei tropischen Edelhölzern ist die Verwendung aus Gründen des Umweltschutzes nur dann zu empfehlen, wenn der Rohstoff aus einer kontrollierten Forstwirtschaft stammt, die für kontinuierliche Neuanpflanzungen sorgt. Zu Leimholz verarbeitete heimische Harthölzer stellen aber für den Heimwerker ausgezeichnete Werkstoffe dar, die sich für Holzspielzeuge – insbesondere stark beanspruchte Teile – ausgesprochen gut eignen. Zwar ist Leimholz gegenüber Brettware verhältnismäßig teuer und fordert durch die vorgegebenen Fixmaße der Platten oft relativ viel Verschnitt, aber wenn man die günstigsten Angebote auswählt und dann die Platten durch sorgfältiges Messen optimal ausnutzt, kann man Leimholz heute ohne Einschränkung als das ideale Material für den Heimwerker bezeichnen. Die Bauanleitungen dieses Buches sind übrigens so angelegt, daß Sie bei den üblichen Plattenformaten mit geringem Verschnitt arbeiten und nach Möglichkeit auf besonders preiswerte Formate von beispielsweise 250×800 mm oder 300×800 mm zurückgreifen können.

Sperrholz
Überall, wo größere Platten in geringen Materialstärken gebraucht werden, ist Sperrholz ein geeigneter Werkstoff. Er besteht aus mindestens drei quer zueinander verleimten Furnierschichten. Die Anzahl der Schichten ist immer ungerade, weil die beiden Deckfurniere die gleiche Richtung der Maserung aufweisen müssen. Dikkere Furnierplatten aus Buche werden meist unter dem Begriff »Multiplex« zusammengefaßt. Solche Sperrhölzer werden für besonders stark belastete Teile verwendet.

Leimholzplatten für den Möbelbau werden in jedem Bau- und Heimwerkermarkt geführt. Sie stellen das ideale Material für den Heimwerker dar. Die meisten in diesem Buch gezeigten Spielzeuge sind daraus gefertigt

Moderne Elektrowerkzeuge

Früher war die elektrische Bohrmaschine, die gleichzeitig als Antrieb für diverse Zusatzgeräte diente, das wichtigste Elektrowerkzeug des Heimwerkers. Heute ist jede gutausgerüstete häusliche Werkstatt mit einer Auswahl verschiedener Spezialgeräte zum Bohren, Sägen, Hobeln, Fräsen und Schleifen bestückt.

Diese Elektrowerkzeuge für den Heimwerker unterscheiden sich in der Anwendung kaum von den entsprechenden Profigeräten. Da sie in der Heimwerkstatt zeitlich nicht so stark beansprucht werden wie im professionellen Einsatz, sind sie für eine geringere Lebensdauer ausgelegt, bieten aber vergleichbare Leistungen und einen genauso hohen Sicherheitsstandard.

Mit den hier gezeigten Elektrowerkzeugen und dem richtigen Zubehör sind Sie in der Lage, alle wichtigen Arbeiten beim Möbelbau oder bei der Herstellung von Holzspielzeugen erfolgreich auszuführen. Für viele Projekte brauchen Sie nur eine Bohrmaschine (am besten mit Bohrständer) eine Stichsäge und einen Schwing- oder Exzenterschleifer. Für anspruchsvollere Arbeiten kommen dann noch Handkreissäge, Hobel, Oberfräse und weitere Geräte hinzu.

Motor-Technik

Obwohl die verschiedenen hier vorgestellten Elektrowerkzeuge für ihre unterschiedlichen Einsatzgebiete entsprechend unterschiedlich konstruiert sind, besitzen sie doch alle das gleiche Antriebs-Herz: den sogenannten Universalmotor. Diese Bezeichnung haben die Techniker gewählt, weil ein solcher Motor sowohl mit Wechselstrom als auch mit Gleichstrom betrieben werden kann. Der Universalmotor ist klein und dabei sehr leistungsstark, damit ideal für die Konstruktion handlicher und leichter Elektrowerkzeuge. Seine Drehzahl liegt bei 20 000 bis 30 000 Umdrehungen pro Minute. Durch Getriebe und elektronische Bauteile läßt sich diese hohe Drehzahl bei Bedarf für bestimmte Einsatzgebiete der Geräte reduzieren und regeln.

Netzspannung und Motordrehzahl

Mit mechanischen Getrieben ist nur eine grobe Anpassung der Drehzahl an die jeweiligen Arbeitsbedingungen möglich. Will man eine Maschine stufenlos steuern oder für diffizile

Die Schlagbohrmaschine ist das wichtigste Elektrowerkzeug für den Heimwerker. Sie kann bohren, schrauben und sogar Gewinde schneiden

Eine hochwertige Stichsäge können Sie für fast alle Sägearbeiten einsetzen. Ihre besondere Stärke sind die Kurvenschnitte

Der Schwingschleifer wird zur Bearbeitung ebener Holzoberflächen eingesetzt. Moderne Geräte saugen den Staub direkt durch die Schleifplatte ab

Eine leistungsfähige Handkreissäge braucht man für lange, gerade Schnitte. Neben Holz können auch Kunststoffe und Aluminium gesägt werden

Der Elektrohobel glättet sägerauhes Holz. Er kann aber auch fälzen und Werkstückkanten abschrägen

Die Oberfräse läßt sich besonders vielseitig einsetzen. Sie können damit nuten, profilieren, kopierfräsen und Holzverbindungen herstellen

Arbeiten mit dem sogenannten »Sanftanlauf« von Null Umdrehungen langsam hochziehen, ist die Mechanik überfordert. Hier helfen nur elektronische Bauteile weiter.

Da die Drehzahl des Universalmotors direkt von der angelegten Spannung abhängt, reduziert man durch elektronische Schaltungen die Netzspannung von 220 Volt auf niedrigere Werte, um die Drehzahl herabzusetzen.

Hierbei wird zwischen Halbwellen- und Vollwellentechnik unterschieden. Unser Wechselstrom wechselt 100mal pro Sekunde seine Fließrichtung. Die Elektronik der Halbwellentechnik beeinflußt nur eine der beiden Fließrichtungen – stellt man den Strom grafisch als Welle dar, also nur die halbe Welle. Durch Veränderung der Spannung läßt sich bei Halbwellentechnik die Motordrehzahl im Bereich von 0–70% der maximalen Drehzahl stufenlos einstellen.

Werden bei der Vollwellentechnik beide Fließrichtungen des Wechselstroms beeinflußt, erhält man besonders im unteren Drehzahlbereich eine höhere Durchzugskraft.

Elektrowerkzeuge mit einer solchen Drehzahlsteuerelektronik haben einen Druckschalter oder ein Stellrad, über die man die Drehzahl wählt. Teilweise kann die gewünschte Drehzahl auch mit Tastatur, Rändelrad oder Drehscheibe für den jeweiligen Einsatz eingestellt werden. Unter Belastung fällt die Drehzahl allerdings ab. Man muß manuell nachsteuern, um wieder die optimale Drehzahl zu erreichen.

Um auch diesen Nachteil auszugleichen, haben sich die Techniker einen weiteren Trick einfallen lassen. Sie haben die Elektrowerkzeuge so ausgelegt, daß sie zur Erreichung ihrer maximalen Leerlaufdrehzahl nicht die volle Netzspannung von 220 Volt, sondern nur 150 oder 170 Volt benötigen. Droht bei dieser Konstellation die Drehzahl unter Belastung abzufallen, hat die dazugehörige Elektronik die Möglichkeit, aus einer Energiereserve zu schöpfen, indem sie die Spannung erhöht. Auf diese Weise wird ein Drehzahlabfall automatisch ausgeglichen, bis auch hier die Leistungsgrenzen erreicht sind.

Drehkraft-Vorwahl

Das Drehmoment einer Maschine ist abhängig von ihrer Leistung und der Übersetzung des Getriebes. Beim Bohren großer Löcher in sehr harten Materialien ist ein hohes Drehmoment erforderlich. Beim Eindrehen von Schrauben oder

beim Gewindeschneiden mit der Bohrmaschine dagegen kann ein zu hohes Drehmoment aber auch nachteilig sein: Schraubenköpfe reißen ab, Gewindeschneider brechen.
Um die Maschine auch für solche Arbeiten optimal einsetzen zu können, wurde eine elektronische Drehmomentbegrenzung entwickelt. Bei Erreichen des jeweils vorgewählten Wertes kommt die Arbeitsspindel automatisch zum Stillstand. Intelligente Bohrmaschinen können darüber hinaus einmal benötigte Drehkraftwerte elektronisch speichern.

Akku-Geräte

Bei allem Bedienungskomfort, den heutige Elektrowerkzeuge bieten, bleibt ein entscheidender Nachteil, daß sie auf die direkte Stromversorgung aus dem Netz angewiesen sind. Beim Arbeiten muß man stets ein mehr oder weniger störendes Kabel in Kauf nehmen. Die Entwicklung hochwertiger Akkus hat es allerdings möglich gemacht, für viele Einsatzgebiete mittlerweile auch leistungsfähige Akkugeräte anzubieten. Ein Akku-Bohrschrauber gehört schon zur Ausrüstung vieler Heimwerker. Man kann damit netzunabhängig ohne störendes Kabel arbeiten. Die Akkus sind schnell wiederaufladbar, die Geräte leicht und sicher zu bedienen.
Moderne Nickel-Cadmium-Akkus lassen sich bis zu 1000mal aufladen. Sind sie schließlich unbrauchbar, müssen sie wegen ihrer giftigen Schwermetalle vorschriftsmäßig entsorgt werden. Der Fachhandel nimmt alte Akkus zurück, und Elektrowerkzeughersteller wie Bosch vergüten die Rückgabe, um die Akkus dann einem kontrollierten Recycling zuzuführen.

Sicherheit geht vor

Qualitäts-Elektrowerkzeuge verfügen heute über konsequente Sicherheitseinrichtungen, die ein gefahrloses Arbeiten ermöglichen. Dazu gehören Schutzisolierung, Sicherheitskupplungen usw. Jeder Benutzer sollte vor dem erstmaligen Einsatz eines Elektrowerkzeugs die Sicherheitshinweise der Bedienungsanleitung besonders sorgfältig lesen.
Einen ganz wesentlichen Schutz der Gesundheit stellen auch die Einrichtungen zum Auffangen und Absaugen von Holzstaub dar. Man sollte es sich unbedingt zur Gewohnheit machen, diese Einrichtungen konsequent bei jedem Arbeitseinsatz zu benutzen.

Besonders hohe Abtragsleistung bei einem gleichmäßigen Schliffbild erreicht der Exzenterschleifer

Kabelloses Bohren und Schrauben ist durch die Entwicklung leistungsfähiger Akku-Bohrmaschinen möglich geworden

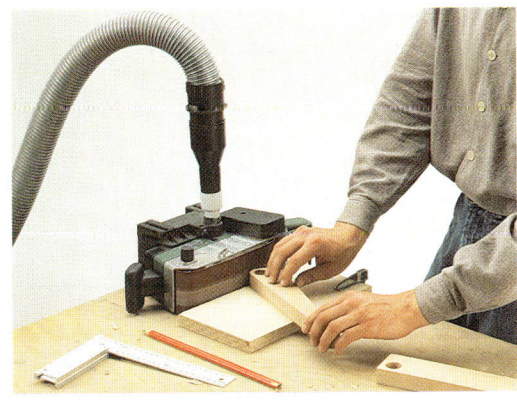

Holzstaub ist gesundheitsgefährdend. Deshalb sind moderne Elektrowerkzeuge mit Anschlüssen zur Staubabsaugung versehen

Durch Schwenken der Fußplatte läßt sich die Stichsäge für alle Schrägschnitte umrüsten. Pendelhub verbessert dabei die Schnittleistung

Wenn es um die Bearbeitung besonders kleiner Werkstücke und das Aussägen filigraner Formen geht, montiert man die Stichsäge stationär

Sägen

Stichsäge

Am Anfang einer Holzarbeit steht immer das Zuschneiden der benötigten Teile mit einer Säge. Für viele kleinere Projekte reicht eine gute Handsäge. Schneller und präziser arbeiten jedoch die entsprechenden Spezialisten unter den Elektrowerkzeugen. Nach der Bohrmaschine, die quasi die Grundausstattung jeder Heimwerkstatt darstellt, ist die Stichsäge das wichtigste Werkzeug. Damit können Sie Parallelschnitte, Gehrungsschnitte und Kreisschnitte durchführen. Für die Herstellung von Gehrungen läßt sich die Fußplatte bis 45 Grad nach beiden Seiten schwenken.

Um optimale Arbeitsergebnisse erzielen zu können, sollte eine Stichsäge mit einer Steuerelektronik ausgestattet sein, die eine exakte Anpassung der Hubzahl an das jeweilige Material und den Arbeitseinsatz erlaubt. Wichtig ist auch die Möglichkeit der Staubabsaugung. Während man beim Sägen von Metall niedrige Hubzahlen einstellt, wählt man bei Kunststoffen und Sperrholz mittlere und für die Bearbeitung von Massivholz und Spanplatten hohe Hubzahlen.

Eine Verbesserung der Schnittleistung ermöglicht die bei hochwertigen Geräten zuschaltbare Pendelhubeinrichtung. Bei dieser Technik wird das Sägeblatt in seiner Abwärtsbewegung vom Werkstück weggeschwenkt, um die Reibung zu verringern und die Spanabführung zu verbessern. In der Aufwärtsbewegung drückt sich das Blatt dann wieder nach vorn und trägt neue Späne vom Werkstück ab.

Mit eingestelltem Pendelhub sägen Sie schneller und erreichen eine bessere Kurvengängigkeit der Stichsäge. Die Schnittqualität ist allerdings nicht ganz so hoch wie beim Arbeiten in Normaleinstellung. Bei besonders empfindlichen Materialien und wenn es auf höchste Schnittqualität ankommt, sollten Sie daher den Pendelhub immer abschalten.

Eine Vielzahl von Sägeblättern macht die Stichsäge zu einem universell einsetzbaren Werkzeug. Für enge Kurvenschnitte beispielsweise verwendet man extra schmale Blätter. Zur Bearbeitung kleiner Werkstücke kann die Maschine auch stationär unter einen Sägetisch montiert werden. Diese Einrichtung ist für den Bau von Holzspielzeugen besonders interessant.

Handkreissäge

Mit der Stichsäge lassen sich Kurvenschnitte besonders gut herstellen. Für lange, gerade Schnitte setzen Sie aber am besten die Handkreissäge ein. Bei diesem Werkzeug sitzt der Motor auf einer Führungsplatte, die sich zur Veränderung von Schnittiefe und Schnittwinkel verstellen läßt. Beachten Sie beim Kauf, daß die Schnittiefe sich bei Gehrungsschnitten durch die Schrägstellung deutlich verringert, und wählen Sie ein für alle zu erwartenden Einsätze ausreichendes Gerät. Da der Umgang mit einer Handkreissäge nicht ungefährlich ist, sind hier die Sicherheitseinrichtungen ganz besonders wichtig. Ein sogenannter Spaltkeil verhindert, daß sich der Schnitt hinter der Maschine zusammenzieht und das Sägeblatt einklemmt. Die Schutzhaube deckt das Sägeblatt vollständig ab und wird erst zurückgeschwenkt, wenn es ins Material eintaucht. Wichtig ist auch eine Einschaltsperre, die versehentliches Einschalten der Handkreissäge verhindert.

Für materialgerechtes Arbeiten sollte eine Handkreissäge mit Drehzahlvorwahl, besser noch mit zusätzlicher elektronischer Drehzahlstabilisierung ausgestattet sein. Eine Sanft-Anlauf-Regelung macht ruckfreies Ansägen möglich. Ein eingebauter Überlastungsschutz schützt vor dem Durchbrennen des Motors bei Überlastung.

Zur Führung der Maschine dient zunächst der zur Grundausstattung gehörende Parallelanschlag. Für längere Schnitte ist aber eine Führungsschiene unbedingt empfehlenswert.

Zum exakten Ablängen von Werkstücken bieten einige Hersteller auch Kapp- und Frästische an. Mit diesem Zubehör arbeitet die Handkreissäge ebenso präzise wie eine Tischkreissäge.

In der Regel wird man mit dem hartmetallbestückten Universalsägeblatt auskommen, das zur Grundausstattung gehört. Nur bei besonders hohen Qualitätsansprüchen sollten Sie auf ein Vielzahnsägeblatt umrüsten, das einen extra feinen Schnitt garantiert.

Bei Längsschnitten in der Fläche benötigt die Handkreissäge eine Führung. Hier sorgt eine aufgespannte Leiste für den geraden Schnitt

Besonders komfortabel ist das Arbeiten mit der Führungsschiene. Sie wird mit Zwingen angeklemmt und garantiert einen präzisen Schnitt

Der Kapp- und Frästisch macht die Handkreissäge universell einsetzbar. Man kann sauber ablängen und Werkstücke auf Gehrung schneiden

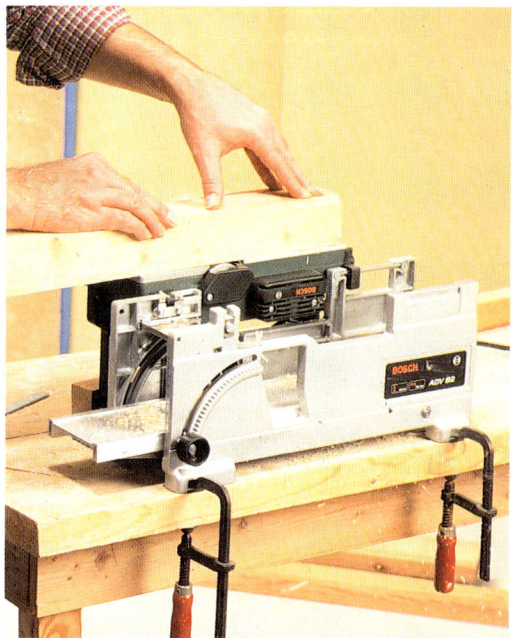

**In Verbindung mit der Abricht- und Dickenhobel-
einrichtung wird aus dem Elektrohobel ein
leistungsfähiges Stationärgerät**

**Sogar das Dickenhobeln von Leisten und Kant-
hölzern ist möglich. Die Durchlaßhöhe beträgt
70 mm. Die Spantiefe läßt sich stufenlos einstellen**

Hobeln

Beim Handhobel, dem traditionellen Werkzeug
der Holzbearbeitung, trägt eine scharf geschlif-
fene Klinge, die aus der Sohle des Hobels hervor-
ragt, die Späne vom Werkstück ab. Beim Elektrohobel sind es zwei Messer auf einer rotierenden
Welle, mit denen die Holzoberfläche abgetragen
wird. Heimwerkergeräte haben meist eine Leistung, die zwischen 450 und 900 Watt liegt. Die
Hobelbreite beträgt 82 mm. Die Spantiefe läßt
sich stufenlos von 0–3 mm einstellen.
Zur Grundausstattung des Elektrohobels gehören
hartmetallbestückte Wendemesser, die von zwei
Seiten benutzt werden können, ehe sie durch
neue Messer ersetzt werden müssen. Hart-
metallmesser halten zehn- bis zwanzigmal so
lange wie die billigeren HSS-Messer. Bei der
Montage sorgen Nuten in den Messern automatisch für exakten Sitz. Ein Nachjustieren ist überflüssig. Sie stecken einfach die Nuten auf die
Werkzeugaufnahmen der Messerwelle und ziehen dann die Halteschrauben an.
Haupteinsatzgebiet des Elektrohobels ist das Abrichten (Glätten) von Holzoberflächen. Die Messerwelle dreht sich dabei mit hohen Touren. Man
muß die Maschine bei geringer Spantiefe vorsich-
tig übers Werkstück führen, um keine Riefen ins
Holz zu hobeln. Um hier befriedigende Arbeitsergebnisse zu erzielen, ist ein wenig Übung erforderlich. Beachten Sie, daß beim Hobeln in der
Regel über die Breite der Messer nicht hinausge-
arbeitet werden kann, d. h. die Werkstückbreite
darf nicht größer sein als die Messerbreite. Ein
weiteres typisches Einsatzgebiet ist das Fälzen
von Werkstückkanten. Dabei sind meist Falztie-
fen von 0–20 mm möglich. Der Parallelanschlag
wird auf die gewünschte Falzbreite eingestellt.
Für saubere Hobelergebnisse darf die Drehzahl
unter Last nicht zu stark absinken. Daher sollte
man bei geringer Spantiefe und zügigem Vorschub in mehreren Gängen arbeiten, bis die vorgesehene Falztiefe erreicht ist. Für den stationären Einsatz kann der Elektrohobel auf ein Unter-
gestell montiert werden. Dann lassen sich auch
kleinere Holzteile bequem abrichten. Mit einer
Abricht- und Dickenhobelvorrichtung sind sogar
Arbeiten möglich, die sonst nur großen Schreinermaschinen vorbehalten sind. Leisten und
Kanthölzer bis maximal 80 mm Breite und 70 mm
Höhe können Sie damit auf Dicke hobeln.

Fräsen

Die Oberfräse wird oft als das vielseitigste und kreativste Gerät unter den Elektrowerkzeugen bezeichnet. Sie können damit fälzen, profilieren, nuten, bohren und nach vorbereiteten Schablonen fräsen.

Das Spannfutter, in dem das Werkzeug sitzt, wird bei der Oberfräse über die Motorspindel direkt in eine Drehbewegung von bis zu 27 000 Touren versetzt. Die Frästiefe bestimmt man durch Absenken des Motorteils in dem beweglich damit verbundenen Fräskorb. Bei einigen Geräten bilden Motorteil und Fräskorb eine untrennbar miteinander verbundene Einheit. Bei anderen kann der Motorteil gelöst und zum stationären Arbeiten in einen Bohr- und Fräsständer montiert werden.

Zur Führung an der Werkstückkante ist die Oberfräse mit einem Parallelanschlag ausgestattet. Ein Kurvenanschlag mit Rolle erlaubt auch das Bearbeiten geschweifter Kanten. Mit der Kreisführung können Sie kreisförmige Nuten und Profilierungen ausführen.

Die zur Verfügung stehenden Fräswerkzeuge sind sehr unterschiedlich konstruiert. Alle Fräser, die senkrecht ins Holz eintauchen können, besitzen eine angeschliffene Stirnseite, mit der sie sich zunächst ins Material bohren. Der seitliche Schliff trägt dann beim Vorschub des Fräsers die Späne ab. Nur für die Kantenbearbeitung vorgesehene Fräser können nicht eintauchen. Sie sind aber teilweise mit Anlaufzapfen oder kugelgelagerten Anlaufringen versehen, die zur Führung an der Werkstückkante dienen. So wird die Verwendung eines Parallel- oder Kurvenanschlags überflüssig.

Billige Fräser bestehen aus Hochleistungs-Schnellschnittstahl (HSS-Fräser). Um ein Mehrfaches teurer sind hartmetallbestückte Werkzeuge (HM-Fräser). Sie halten dafür bis zu 25mal länger.

Sollen neben Massivholz auch Holzwerkstoffe mit synthetischen Klebern, Kunststoffe oder sogar Aluminium gefräst werden, sind HM-Fräser unverzichtbar. Um saubere Fräsergebnisse zu erzielen wird die Oberfräse stets bei geringer Spanabnahme zügig geführt. Bei größeren Arbeitstiefen unbedingt in mehreren Stufen fräsen. Die Drehzahl des Motors sollte dabei niemals deutlich hörbar absinken.

Die frei geführte Oberfräse kann Nuten und Verzierungen nach aufgezeichneten Vorlagen und Mustern herstellen

Mit Hilfe des Parallelanschlags wird hier eine Nut parallel zur Werkstückkante ins Material gefräst. Die Frästiefe stellt man vorher ein

Montiert im Fräsständer steht der Motorteil der Oberfräse für den stationären Einsatz bereit. Hier beim Nuten eines Rahmenteils

Für kleinere Drechselarbeiten können Sie die Bohrmaschine mit einer Drechseleinrichtung kombinieren, um beispielsweise Holzräder herzustellen

Der Schwingschleifer hat seine Stärke im Feinschliff ebener Holzoberflächen. Man arbeitet bei leichtem Druck in Richtung der Maserung

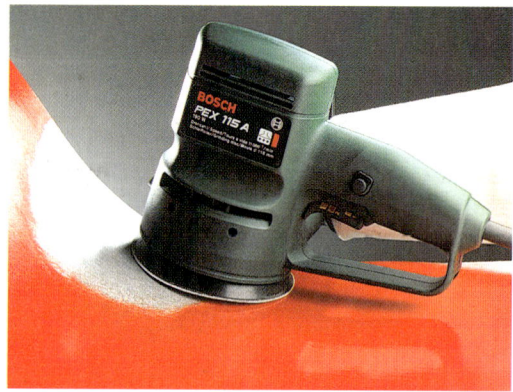

Zur Bearbeitung gewölbter Flächen wird der Exzenterschleifer eingesetzt. Sein elastischer Schleifteller paßt sich dem Werkstück an

Drechseln

Eine der ältesten Techniken der Holzbearbeitung ist das Drechseln. Während beim Sägen, Hobeln und Fräsen das Werkzeug bewegt wird, um Späne abzutragen, dreht sich beim Drechseln das Holz zwischen Spindel und Reitstock. Der an das rotierende Werkstück herangeführte Drechselstahl hebt dann den Span ab und erlaubt das Gestalten kunstvoller Formen.

Für die Bearbeitung größerer Teile ist eine stabile Drechselbank unerläßlich, doch kleinere Arbeiten lassen sich problemlos auch mit Hilfe eines Zusatzgeräts für die Bohrmaschine bewerkstelligen. Wenn beispielsweise Räder für unsere Holzspielzeuge geformt werden müssen, kann die Drechseleinrichtung zum Einsatz kommen. Es ist wichtig, die Rohlinge so vorzubereiten, daß sie in der Drechseleinrichtung mit möglichst geringer Unwucht laufen.

Die Werkzeuge müssen gut geschärft sein. Je sauberer die Späne, die sie herunterschneiden, desto weniger muß das fertige Teil zuletzt mit Schleifpapier nachgearbeitet werden.

Schleifen

Exzenterschleifer

Das Schleifen stellt die wichtigste Arbeit dar, bevor ein Holzteil schließlich die endgültige Oberflächenbehandlung bekommt. Um ein gutes Endergebnis zu erzielen, muß hierbei mit besonderer Sorgfalt vorgegangen werden.

Ein Schleifwerkzeug, das eigentlich aus dem Profibereich kommt, aber mehr und mehr auch vom Heimwerker eingesetzt wird, ist der Exzenterschleifer. Beim Schwingschleifer erfolgt die Schleifbewegung in Kreisen, beim Bandschleifer in Längsrichtung. Der Exzenterschleifer dagegen vereinigt zwei ganz unterschiedliche Schleifbewegungen in einem Arbeitsgang: zum einen die Schleiftellerrotation, zum anderen die exzentrische Rotation des Schleiftellers um die Antriebsachse des Geräts.

Ein besonders hochwertiges Schliffbild bei starker Abtragsleistung ist das Ergebnis. Ein weiterer Vorteil des Exzenterschleifers liegt darin, daß sein flexibler Schleifteller auch gewölbte und konkave Flächen ausgezeichnet bearbeiten kann.

Schwingschleifer

Beim letzten Feinschliff einer Holzoberfläche spielt der Schwingschleifer oder Sander seine Stärke aus. Bei diesem Elektrowerkzeug wird der Schleifteller durch einen exzentrischen Antrieb in kreisförmige Schwingungen versetzt. Führt man das Gerät mit geringem Druck in geraden Bahnen in Richtung des Faserverlaufs, entsteht ein Schliffbild, das dem Handschliff sehr nahekommt.

Moderne Geräte verfügen über eine integrierte Absaugung, die den Schleifstaub direkt durch Löcher in der Schleifplatte und im Papier in den Staubsack befördert. Noch wirksamer ist eine externe Absaugung durch einen Werkstattsauger. Staubabsaugung schützt nicht nur die Gesundheit, sondern verbessert auch die Abtragsleistung und erhöht die Standzeit der Schleifblätter. Außerdem wird der lästige Holzstaub, der durch alle Fugen kriecht, aus der Wohnung ferngehalten, da er am Ort des Entstehens unschädlich gemacht wird.

Bandschleifer

Der Bandschleifer ist unter den elektrischen Schleifwerkzeugen das Gerät mit der größten Abtragsleistung. Das über Antriebs- und Umlenkwalze laufende Schleifband kann auch bei groben Arbeiten kräftig zupacken.

Weil die Abtragsleistung sehr hoch ist, muß man den Bandschleifer mit Fingerspitzengefühl einsetzen. Arbeiten Sie stets ohne zusätzlichen Anpreßdruck. Das Eigengewicht der Maschine reicht vollkommen aus. Beim Schleifen wärmeempfindlicher Materialien wie Kunststoffen ist eine elektronische Drehzahlsteuerung günstig. Für den Feinschliff großer Flächen empfiehlt sich die Verwendung eines Schleifrahmens, der für gleichmäßigen und exakt dosierten Materialabtrag sorgt.

Besonders praktisch ist in der Heimwerkstatt die stationäre Montage des Bandschleifers. Sie erlaubt das bequeme Bearbeiten kleiner Teile, wie sie beim Herstellen von Holzspielzeugen häufig vorkommen.

Der Bandschleifer überzeugt durch besonders hohe Abtragsleistung. Auch große Flächen lassen sich damit problemlos planschleifen

Zum stationären Einsatz mit Parallel- oder Winkelanschlag läßt sich der Bandschleifer mit wenigen Handgriffen an der Werkbank montieren

Für präzise Bohrungen braucht man einen Bohrständer. Kleine Holzteile lassen sich im Maschinenschraubstock sicher fixieren

Auch die Tischplatte der Fräseinrichtung können Sie als Anschlag beim Bohren benutzen. Längere Werkstücke finden hier eine sichere Auflage

Gerade beim Schrauben kann das Kabel der Bohrmaschine sehr störend sein. Deshalb wird dazu gern der Akkuschrauber verwendet

Bohren

Die Schlagbohrmaschine ist das wichtigste Elektrowerkzeug für den Heimwerker. Er kann damit bohren, schrauben und sogar Gewinde schneiden. Ideal für den universellen Einsatz ist eine mittelschwere Maschine mit rund 600 Watt Leistung. Die Drehzahl sollte vorwählbar sein. Eine Faustregel fürs Bohren sagt: für kleine Löcher in Holz die höchste, für große Löcher in Metall die niedrigste Drehzahl. Bei nicht angepaßter Drehzahl kann es bei der Metallbearbeitung zum Ausglühen des Bohrers kommen, in Holz sind ausgerissene Löcher zu befürchten.

In Holz sollen Bohrungen in der Regel senkrecht zur Werkstückoberfläche eingebracht werden. Dazu benötigen Sie unbedingt einen präzise arbeitenden Bohrständer, in den die Maschine eingespannt werden kann. Um das Werkstück in der vorgesehenen Position zu fixieren, können Sie Klemmzwingen einsetzen. Für sehr kleine Teile reicht auch die Spannweite des Maschinenschraubstocks. Zulagen verhindern Druckstellen am Werkstück. Die Bohrtiefe können Sie durch Justieren des Tiefenanschlags exakt vorwählen. Damit das Holz auf der Austrittsseite des Bohrlochs nicht ausreißt, wird grundsätzlich ein Stück Abfallholz untergelegt.

Schrauben

Soll mit der Bohrmaschine geschraubt werden, sorgt die Vorwahlmöglichkeit der Drehkraft für ein gleichmäßiges Eindrehen beliebig vieler Schrauben. Diese elektronische Stellmöglichkeit ist auch beim Gewindeschneiden unerläßlich, damit der Gewindebohrer nicht versehentlich abbricht. Höchsten Komfort beim Schrauben bietet der Einsatz eines Akkuschraubers. Das Akkugerät ist leichter und handlicher als die Bohrmaschine, und Sie können ohne storendes Kabel arbeiten.

Holzverbindungen

Beim Bau von Möbeln wie auch bei der Herstellung von Spielzeugen kommt es immer wieder darauf an, konstruktive Holzverbindungen herzustellen.

Vorbild sind hier die traditionellen Techniken des Schreinerhandwerks. Die Belastbarkeit einer Holzverbindung ergibt sich aus der konstruktiven Verzahnung der Teile miteinander und der Größe der gemeinsamen Leimfläche. In der Praxis hat sich freilich gezeigt, daß der Aufwand meist gar nicht so hoch sein muß. Stumpfe Verbindungen, die durch eingebohrte oder eingefräste Holzdübel stabilisiert werden, sind in der Regel ausreichend belastbar.

Zur Herstellung von Dübelverbindungen können Sie statt Bohrmaschine und Bohrständer auch die Oberfräse einsetzen. Das Gerät wird dazu mit dem entsprechenden Nutfräser bestückt und dann die gewünschte Frästiefe eingestellt. Der Fräskorb liegt auf flächigen Werkstücken sicher auf und erlaubt exakt senkrechtes Eintauchen des Werkzeugs.

Um ganze Lochreihen absolut gleichmäßig herzustellen, können Sie sich für die Oberfräse auch eine Schablone anfertigen. Sie reißen auf einem 8 mm dicken Sperrholzbrettchen die gewünschten Dübelpositionen an und bohren dort Löcher von 12 mm Durchmesser. Zwei kleine Löcher an den Enden des Brettchens dienen zum Eindrehen von Schrauben, um die Schablone später auf dem Werkstück zu fixieren. In die vorbereiteten 12-mm-Löcher paßt genau ein Kopiereinsatz der Oberfräse, der normalerweise zum Abtasten einer Schablone dient. Wird nun die Schablone aufgeschraubt, können Sie den Kopiereinsatz in die Bohrungen der Schablone stecken und ganz präzise Loch für Loch ins Werkstück fräsen.

Eine andere, im Heimwerkerbereich weniger bekannte Dübeltechnik ist das Einfräsen von Flachdübeln. Die flachen, oval geformten Holzplättchen werden in gefräste Schlitze gesteckt und verbinden so die Holzteile durch eine besonders große Leimfläche.

Neben professionellen Spezialwerkzeugen zum Einfräsen der Flachdübel gibt es im Fachhandel entsprechende Fräsvorsätze für nahezu alle Einhandwinkelschleifer. Auch die Bosch-Schattenfugenfräse kann für diese Dübeltechnik eingesetzt werden.

In Verbindung mit einer selbstgefertigten Schablone aus Sperrholz kann die Oberfräse Dübellöcher in Serie herstellen

Ein an der Grundplatte montierter Kopiereinsatz von 12 mm Außendurchmesser paßt genau in die entsprechenden Bohrungen der Schablone

Mit der Schattenfugenfräse lassen sich Schlitze für Flachdübel oder Federleisten in die zu verbindenden Kanten von Werkstücken fräsen

Um dauerhafte Verleimungen herzustellen, müssen die Holzteile bis zum Abbinden des Leims durch Zwingen fest zusammengepreßt werden

Mit der Klebepistole verbinden Sie fast alle Materialien besonders schnell und sauber miteinander. Stets den richtigen Schmelzkleber wählen

Verleimen und Kleben

Bei der Holzverarbeitung werden heute vornehmlich Kunstharzleime verwendet. Für den Heimwerker haben diese Produkte den Vorteil, daß sie im Gegensatz zu den früher üblichen Heißleimen kalt verarbeitet werden können.

Die zu verleimenden Holzteile müssen trocken sein und genau aufeinanderpassende, glattgehobelte Leimflächen aufweisen. Der Weißleim wird mit dem Pinsel gleichmäßig, aber nicht zu dick aufgetragen. Er sollte möglichst bei Zimmertemperatur verarbeitet werden.

Bis zum endgültigen Abbinden müssen Sie die zu verleimenden Teile fest gegeneinanderpressen. Die erforderliche Preßzeit reicht je nach Fabrikat von wenigen Minuten bei Expreßleim und kleinen Teilen bis zu vielen Stunden bei normalem Leim und großen Leimflächen. Größere Leimungen sollte man vorsichtshalber stets über Nacht trocknen lassen.

Wird die Leimung zusätzlich durch Nägel oder Schrauben stabilisiert, ist kein Verpressen der Teile erforderlich. Ansonsten werden Klemmzwingen oder Schraubzwingen eingesetzt. Überschüssigen Leim sollten Sie möglichst sofort mit einem feuchten Tuch abwischen.

Eine komfortable Alternative zur klassischen Leimtechnik ist der Einsatz einer Heißklebepistole. Damit lassen sich so gut wie alle Materialien miteinander verbinden.

Der Klebstoff wird in Form eines Sticks von hinten in das Gerät eingeschoben. Bei Temperaturen zwischen 150 und 250 Grad verflüssigt sich der Schmelzkleber und wird durch die Düse auf die Klebefläche gedrückt.

Bei einfachen Klebepistolen müssen Sie den Kleberstick durch Daumendruck vorschieben. Komfortablere Geräte sind mit einem mechanischen Vorschub ausgestattet, der über einen Drücker betätigt wird. Zum Teil verfügen sie auch über einen Wärmespeicher, der für einige Minuten netzunabhängiges Arbeiten ermöglicht.

Heiß geklebte Verbindungen sind bereits nach wenigen Minuten belastbar. Vor dem Auftrag des heißen Schmelzklebers sollten die zu verbindenden Oberflächen gesäubert und angerauht werden. Damit der Kleber bei großflächigem Auftrag nicht zu früh erkaltet, kann man die Teile mit einem Heißluftgebläse vorwärmen. Bei Kunststoffen ist aber Vorsicht geboten.

Oberflächenbehandlung

Für jede selbstgefertigte Holzarbeit ist die Oberflächenbehandlung das Tüpfelchen auf dem I. Für die in diesem Buch vorgestellten Holzspielzeuge gilt dies ganz besonders. Sie sollen schön und farbenfroh aussehen und dazu die Belastungen des Kinderzimmer-Alltags möglichst unbeschadet überstehen.

Gleichgültig für welche Oberflächenbehandlung Sie sich entscheiden – zunächst muß das Holz gründlich geschliffen werden. Sollen anschließend wassergelöste Beizen aufgetragen werden, müssen Sie das Holz zuvor auch noch wässern, damit die Fasern aufquellen. So verhindern Sie, daß die Holzfasern erst nach dem Schleifen aufquellen und die Oberfläche wieder rauh machen. Benutzen Sie einen Schwamm und warmes Wasser, um die Holzoberfläche gleichmäßig anzufeuchten und lassen Sie die Werkstücke über Nacht trocknen. Dann wird in drei Gängen geschliffen. Zuerst mit grober Körnung (80–100), dann mit mittlerer (120–150) und zuletzt mit feinem Korn (180–220).

Anschließend können Sie das Holz farbig beizen, lasieren, wachsen oder lackieren. Bei der Verwendung von Beizen ist ein Überzug mit farblosem Lack zu empfehlen. Sie können aber auch direkt mit farbigen Lasuren arbeiten. Lasuren lassen stets die Maserung des Holzes durchscheinen, während farbiger Lack die Struktur verdeckt. Soll das Holz einen farblosen Überzug bekommen, bieten sich neben Lacken und Lasuren auch natürliche Öle und Wachse an, die sich besonders leicht auftragen lassen. Bei der Oberflächenbehandlung von Holzspielzeugen ist die Verwendung giftfreier Produkte oberstes Gebot. Lassen Sie sich dazu im Fachhandel ausführlich beraten. Die Oberflächenbehandlung sollte auf jeden Fall DIN 53 160 entsprechen. In dieser Norm wird zum Beispiel eine Prüfung auf Schweiß- und Speichelechtheit gefordert.

Um besonders hochwertige Oberflächen zu erzielen, wird das Holz vor dem Schleifen gewässert, damit sich die Fasern aufrichten

Wenn das Holz wieder abgetrocknet ist, wird die rauhe Oberfläche in drei Gängen mit immer feinerer Körnung geschliffen

Es muß nicht immer ein Lacküberzug sein. Für naturbelassene Holzoberflächen kann man sehr gut auch Bienenwachs einsetzen

Spielmobil

Sie brauchen weder eine professionell eingerichtete Werkstatt noch die Kenntnisse und Fertigkeiten eines Schreiners, um das Spielmobil nachzubauen. Mit ein wenig Geschick, einer Bohrmaschine, Stichsäge und einem Schwingschleifer kommt man bei diesem ebenso einfachen wie bei den Kindern beliebten Spielzeug schon sehr gut zurecht.

Als Material wurden Platten aus Kiefern-Leimholz gewählt, wie sie in jedem Bau- und Heimwerkermarkt erhältlich sind. Aus 200 mm breiten Regalbrettern können Sie alle in der Materialliste aufgeführten Teile bequem zuschneiden. Was man sonst noch braucht, sind Rundstäbe aus Ramin und Aluminiumstäbe für die Achsen.

Zuerst werden alle benötigten Teile mit möglichst wenig Verschnitt auf die Leimholzplatten aufgezeichnet und mit der Stichsäge ausgeschnitten. Die Detaildarstellungen auf dem hinten eingelegten Bauplan helfen Ihnen, die Teile maßstabsgerecht aufzuzeichnen.

Wer eine präzise arbeitende Tischkreissäge besitzt, kann natürlich auch diese benutzen. Doch wenn Sie ein paar Probeschnitte mit der Stichsäge gemacht haben, werden Sie feststellen, daß Sie mit einem guten Sägeblatt für extrafeinen Schnitt und gleichmäßigem, ruhigem Maschinenvorschub äußerst exakte Schnittergebnisse erreichen. Am besten zeichnen Sie die Konturen mit einem weichen Bleistift so an, daß die Maße stimmen, wenn Sie den Strich »weggesägt« haben. Bei Verwendung eines feinzahnigen Sägeblattes entspricht die Breite des Schnittes genau einem dicken Bleistiftstrich. Die Kanten werden dann mit einem Schwingschleifer oder per Hand mit einem Schleifklotz geglättet. Für alle gerundeten und geschweiften Formen sollten Sie ein extra schmales Kurvensägeblatt benutzen.

Liegen alle Teile zugeschnitten auf Ihrem Werktisch, geht's an den Zusammenbau. Zuerst verleimt man die beiden Verstärkungen (4) miteinander und klebt sie dann unter die Sitzplatte (1). Die Rückwand (2) wird mit 120 mm Überstand stumpf gegen die Sitzplatte geleimt und geschraubt. Dazu Spanplattenschrauben benutzen, die Sie 6 mm tief in eine entsprechend vorbereitete 10-mm-Bohrung versenken. Anschließend die Schraublöcher mit Dübelhölzern verschließen. Beim Verschrauben der Bodenplatte (3) mit der Rückwand können die unten liegenden Schraubenköpfe sichtbar bleiben. Wo die Spanplattenschrauben in Randnähe eingedreht werden, wie zum Beispiel bei den Achslagern (6), muß man zuerst vorbohren, damit das Holz nicht ausbricht.

Zum Herstellen der verschiedenen Bohrungen für Lenkachse (10) und Radachsen ist ein Bohrständer unerläßlich. Sie sollten nur erstklassige Bohrer verwenden, die einen wirklich sauberen Schnitt garantieren. Ein Trick fürs Verleimen der

Die mit der Stichsäge zugeschnittenen Teile bei Bedarf mit der Raspel nacharbeiten und dann alle Kanten und Flächen sorgfältig schleifen

Mit einem sauber schneidenden Forstnerbohrer bringt man die Bohrungen für die Lenk- bzw. Radachsen ein. Dabei den Bohrständer benutzen

Mit zwei Nägeln in einer Holzleiste lassen sich die Radscheiben exakt anreißen. Dann mit der Stichsäge und einem Kurvensägeblatt ausschneiden

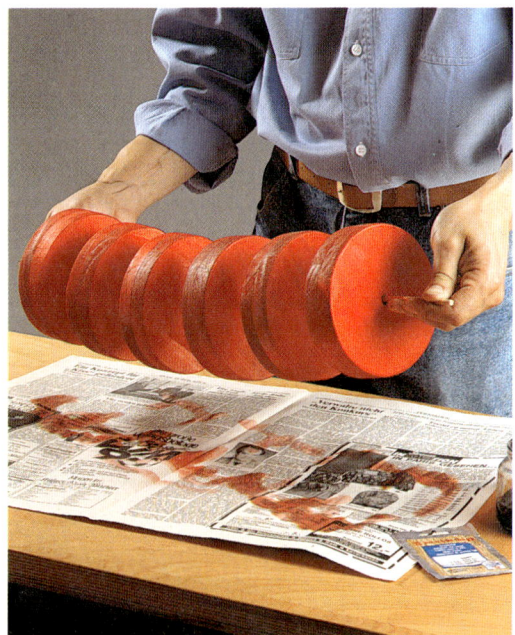

Die Räder werden in einem kräftigen Rot gebeizt. Anschließend farblosen Lack auftragen. Grundsätzlich nur ungiftige Produkte verwenden

jeweils zwei Scheiben für ein Rad: Bringen Sie zuerst die Bohrungen an, dann können Sie die Scheiben einfach auf eine Achse schieben und mit Zwingen zusammenpressen, ohne daß sich die Teile gegeneinander verschieben.

Wenn die Lenkachse in die Bohrung der Lenklager (5) eingeleimt ist (ca. 55 mm tief), schiebt man eine U-Scheibe mit 20 mm Innendurchmesser auf, steckt die Achse durch die Sitzplatte und fixiert sie mit ein wenig Spiel durch das untere Widerlager (9). Dazu etwas Leim zugeben und zusätzlich eine Schraube durch ein vorgebohrtes Loch eindrehen. Sind auch das obere Widerlager, das Lenkrad und die hinteren Achslager befestigt, ist das Spielmobil fast komplett.

Ein guter Tip: 20-mm-Rundhölzer werden oft durch Nachtrocknen etwas dünner und sitzen dann in einem 20-mm-Loch zu locker. In diesem Fall legen Sie beim Verleimen einfach einen Streifen Zeitungspapier dazwischen, der sich mit dem Leim bombenfest verbindet, und schon sitzt die Verleimung stramm.

Nun geht's an die Montage der Räder. Wir haben Alu-Rundstäbe für die Achsen gewählt. Dieses Material ist einerseits stabil genug und läßt sich andererseits leicht ablängen und mit Gewinde versehen.

Und so wird's gemacht: Auf einer Seite der Achse so viel Gewinde schneiden, daß eine Hutmutter fest aufgedreht werden kann. Dann ein Rad mit U-Scheiben aufschieben und die Achse durch das Achs- bzw. Lenklager stecken. Auf der anderen Seite ebenfalls U-Scheiben und Rad aufstecken und die Markierung zum Ablängen der Achse setzen. Wenn dann das zweite Gewinde geschnitten und auch dort die Hutmutter fest aufgedreht ist, muß zwischen Rädern und U-Scheiben ausreichend Spiel bleiben. Etwas Kerzenwachs auf der Alu-Achse sorgt für besonders leichten Lauf der Räder.

Für die Montage des Anhängers gelten sinngemäß die gleichen Hinweise wie beim Spielmobil. Auch hier gibt's nur stumpfe Verbindungen mit Schrauben, die durch Dübelhölzer verdeckt sind Zur Oberflächenbehandlung bitte nur ungiftige Lacke und Farben verwenden! Wir haben die Räder rot gebeizt und dann lackiert, ansonsten das Kiefernholz nur mit Bienenwachsbalsam eingerieben. Wer das Spielmobil für den rauheren Einsatz im Hof oder auf der Terrasse auslegen will, kann auch Stahlachsen verwenden und anstelle der Holzräder passende Kunststoffräder montieren.

Zum Gewindeschneiden die Alu-Stäbe mit Hart-
holzbeilagen im Schraubstock fixieren. Das
Schneideisen rechtwinklig zur Achse ansetzen

Die Radmontage: U-Schreiben sorgen zwischen
Rad, Chassis und Hutmutter für den nötigen
Abstand und die erforderliche Leichtgängigkeit

Materialliste

Pos.	Anz.	Bezeichnung	Maße in mm	Material
Triebwagen				
1	1	Sitzplatte	440 × 200	
2	1	Rückwand	310 × 200	
3	1	Bodenplatte	200 × 105	
4	2	Verstärkungen	430 × 60	Kiefer
5	2	Lenklager	160 × 80	18 mm dick
6	2	Achslager	60 × 38	
7	1	Lenkrad	∅ 240	
8	8	Radscheiben	∅ 140	
9	2	Widerlager	∅ 60/20	
10	1	Lenkachse	240 lang	Ramin
11	1	Kupplungsdorn	80 lang	∅ 20 mm

je 1 Alu-Stange, ∅ 8 mm, 181 und 305 mm lang; 4 Hutmuttern M8, niedrige Form, DIN 917; 10 U-Scheiben für M8; 1 U-Scheibe, Innendurchmesser ca. 20 mm; Spanplatten-Schrauben; 5 Holzstopfen; Nägel; Holzleim

Pos.	Anz.	Bezeichnung	Maße in mm	Material
Anhänger				
1	1	Bodenplatte	280 × 200	
2	2	Seitenwände	280 × 160	
3	2	Stirnwände	164 × 160	Kiefer
4	2	Deichselteile	260 × 40	18 mm dick
5	4	Achslager	40 × 40	
6	4	Radscheiben	∅ 140	

1 Alu-Stange, ∅ 8 × 301 mm; 2 Hutmuttern M8, niedrige Form, DIN 917; 4 U-Scheiben für M8; Spanplatten-Schrauben; 8 Holzstopfen; Nägel; Holzleim

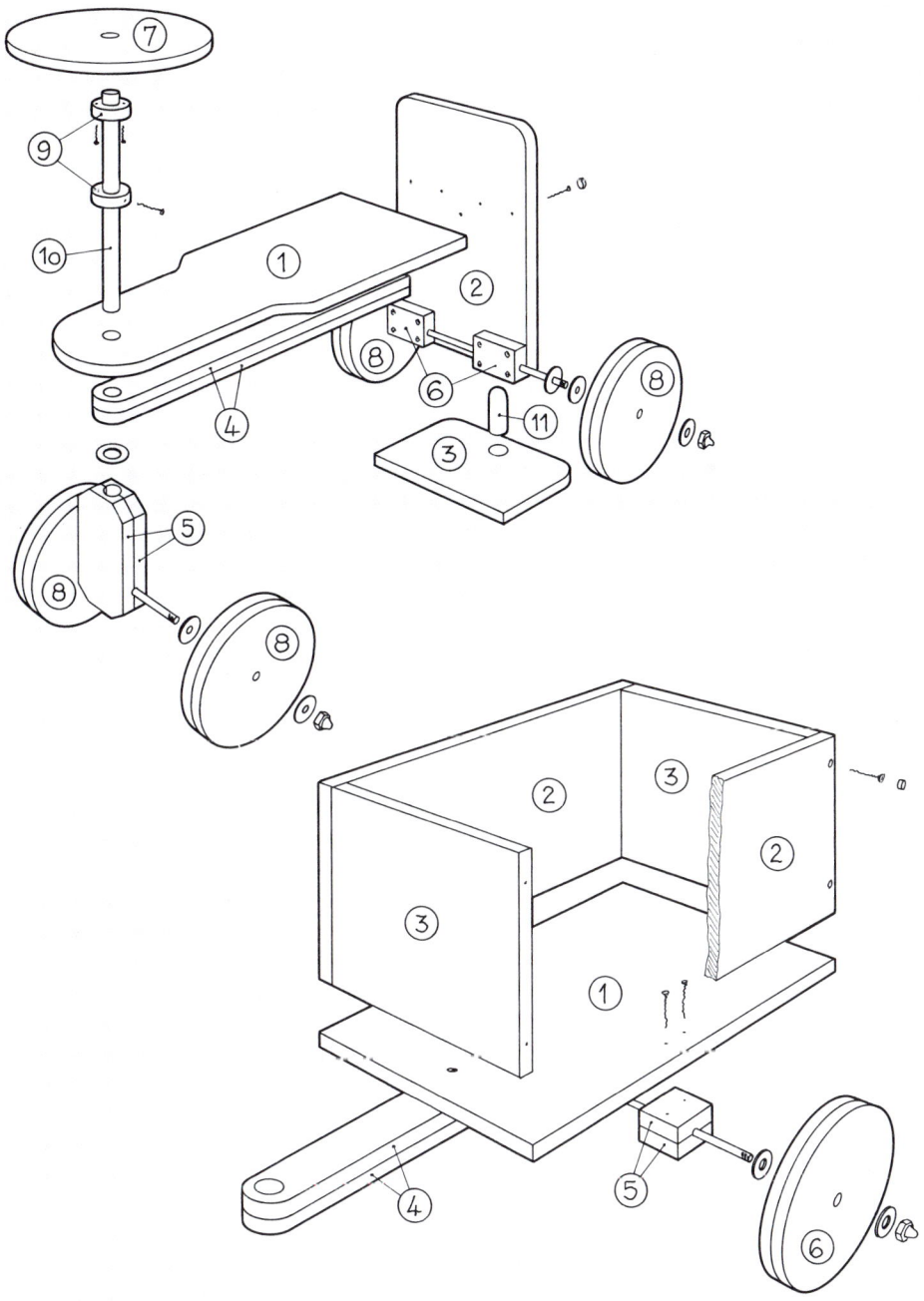

Rollcontainer

Typisch fürs Kinderzimmer: Der Boden ist übersät mit
Bauklötzen, Puppen, Malstiften und anderem Spielzeug.
Hier müßte einmal richtig Ordnung geschaffen werden.
Ideal für die Unterbringung des üblichen Krimskrams sind
unsere praktischen Rollcontainer, die Sie aus
Furnierplatten leicht nachbauen können.

Damit besitzen die Kinder nicht nur Behälter zur Unterbringung von tausend Sachen – die Rollcontainer sind auch ein herrliches Spielzeug. Wie die Waggons eines Zuges lassen sich die einzelnen Kästen aneinanderkuppeln. Mit einer Deckelplatte können Sie die Container verschließen, und zur platzsparenden Unterbringung rollt man die Kästen einfach aufeinandergestapelt in eine Ecke.

Nun zum Nachbau: Mit Hand- oder Tischkreissäge werden die Längsseiten, Querseiten und Böden nach den Maßen der Materialliste zugeschnitten. Der Korpus des kleinen Rollcontainers ist 160 mm hoch. Die größere Version hat die doppelte Höhe von 320 mm. Zur stabilen Verbindung der Teile miteinander werden im Stoßbereich 4 mm breite und 5 mm tiefe Nuten eingefräst. Eingeleimte Federleisten aus Sperrholz sorgen dann für festen Halt. Die Explosionszeichnung auf Seite 32 zeigt diese Details. Zum Herstellen der Nuten können Sie die am Parallelanschlag geführte oder stationär montierte Oberfräse einsetzen. Ebenso auch die Schattenfugenfräse.

Zunächst müssen die Längsseiten allerdings mit den erforderlichen Radausschnitten versehen werden. Dazu wird eine 68-mm-Lochsäge eingesetzt. Man spannt die Werkstücke so unter dem Bohrständer zusammen, daß die Lochsäge in einem Arbeitsgang zwei Halbkreise aus zwei aneinanderliegenden Teilen schneidet. Ein untergelegtes Abfallstück sorgt für einen sauberen Schnitt auch an der Unterseite der beiden Werkstücke. Für die Grifflöcher in den Querseiten bohren Sie erst die Endpunkte mit einem 25-mm-Forstnerbohrer vor, um dann das dazwischenliegende Abfallholz mit der Stichsäge herauszutrennen. Alle Außenkanten der Teile werden anschließend mit Hilfe der Oberfräse und einem Viertelstabfräser mit Anlaufring gerundet. Die Flächen glatten Sie sorgfältig mit Schwingschleifer oder Exzenterschleifer.

Bevor der Korpus eines Containers zusammengeleimt wird, müssen noch die beiden Achslager vorbereitet und unter dem Boden des Kastens befestigt werden.

Für diese Teile sollten Sie massives Buchenholz verwenden. Die Längskanten der Achslager werden mit dem Viertelstabfräser gerundet. In die Unterseite fräsen Sie mit einem Hohlkehlenfräser von 13 mm Durchmesser eine 13 mm tiefe Nut. Darin kann dann der als Achse dienende 12-mm-

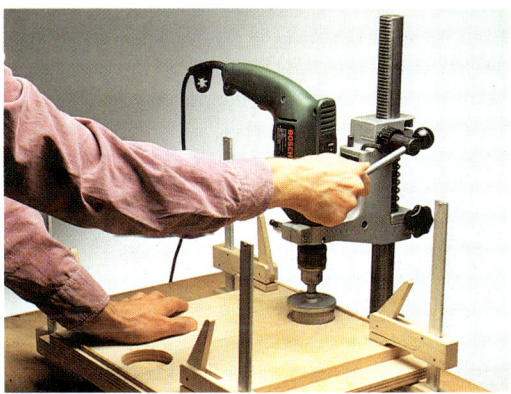

Zwei aneinanderliegende Längsseiten werden in einem Arbeitsgang mit der Lochsäge bearbeitet, um die Aussparungen herzustellen

Die Endpunkte in den Grifflöchern der Querseiten bohrt man vor, ehe dann die Längsseiten mit der Stichsäge ausgeschnitten werden

Alle außenliegenden Kanten der Korpusteile sollten Sie mit einem Viertelstabfräser sauber runden. Dann die Flächen sorgfältig schleifen

Mit Hilfe der Drechseleinrichtung lassen sich die Kanten der Räder runden. Dann die Bohrungen zur Aufnahme der Achsen anbringen

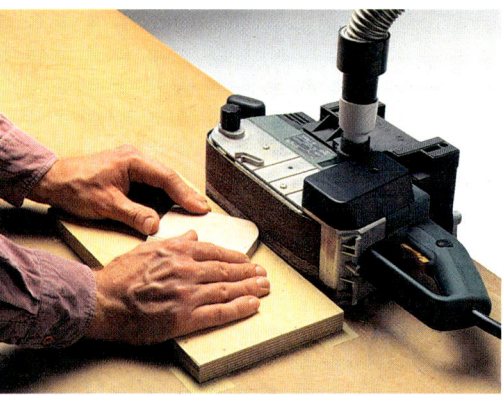

Der stationär an der Werkbank montierte Bandschleifer eignet sich hervorragend, um die kleinen Teile der Kupplung zu bearbeiten

Die Heißklebepistole erleichtert das Verbinden kleiner Werkstücke. Hier wird die Stoppleiste an der Zugplatte der Kupplung befestigt

Rundstab laufen. Geben Sie nun Leim in die Nuten an den Kanten der Korpusteile, stecken Sie die Federleisten ein und fügen Sie Längsseiten, Querseiten und Boden eines Containers zusammen. Schraubzwingen pressen die Teile, bis der Leim abgebunden hat. Zur weiteren Verstärkung der Konstruktion können Sie in den Winkel zwischen Längsseiten und Boden noch Dreiecksleisten leimen.

Nun fehlen noch Achsen und Räder, um einen Rollcontainer zu komplettieren. Die mit der Lochsäge ausgeschnittenen Radscheiben sollen gerundete Kanten bekommen. Dazu kann man die Teile an der stationär aufgebauten Oberfräse mit einem Viertelstabfräser und Anlaufring bearbeiten, oder man spannt die Scheiben in die mit der Bohrmaschine betriebene Drechseleinrichtung, um die Kanten rund zu drehen.

Die Zentrumsbohrung der Räder wird schließlich auf 12 mm aufgebohrt, um die Achsen einleimen zu können. Längen Sie dann die Achsen entsprechend ab. Vor dem Zusammenfügen der Teile müssen die Räder allerdings gebeizt und endlackiert werden.

Deckel für die Rollcontainer werden nach Bedarf hergestellt. Die Platten erhalten zwei Grifflöcher. Seitlich dübelt man Halbräder an, die in die entsprechenden Aussparungen der Container-Längsseiten greifen.

Jetzt brauchen wir noch die Kupplungen, mit denen sich die Rollcontainer zu einem Zug verbinden lassen. Schneiden Sie die einseitig gerundeten Zugplatten zu, leimen Sie das Füllstück auf und dübeln Sie schließlich an die Rückseite eine Stoppleiste.

Zwei durch die Grifflöcher gesteckte Kupplungshälften sollen so übereinandergeschoben werden, daß die Kupplungsscheibe mit ihrer Achse durch die Bohrungen gesteckt werden kann und damit zwei Container fest miteinander verbindet. Zuletzt erhalten alle Teile einen Überzug mit ungiftigem Klarlack.

Die stabilen Rollcontainer sind Möbel und Spielzeug zugleich. Mit den Kupplungen lassen sich die
Kästen zu einem Zug aneinanderkoppeln. Aufeinandergestapelt verschwinden sie nach dem Spiel
platzsparend in einer Ecke

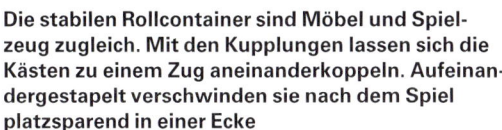

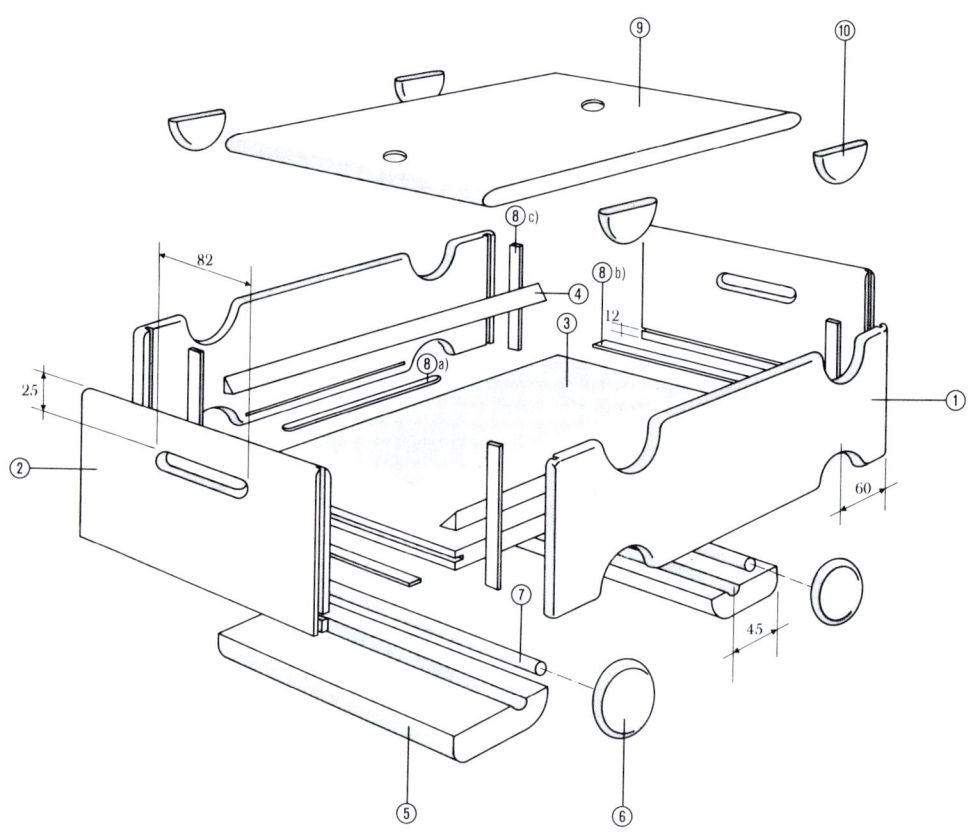

Materialliste

Pos.	Anz.*	Bezeichnung	Maße in mm	Material
1	2	Längsseiten	400×160**	
2	2	Querseiten	270×160**	Furnierplatte 15 mm
3	1	Boden	370×270	
4	2	Eckleisten	370×15	Buche 15 mm
5	2	Achslager	270×60	Buche 20 mm
6	4	Räder	∅ 60×14	Buche
7	2	Achsen	∅ 12×294	Buche/Metall
8a	2	Federleisten (⅓)	200×10	
8b	2	Federleisten (⅔)	270×10	Sperrholz 4 mm
8c	4	Federleisten (½)	160*×10	

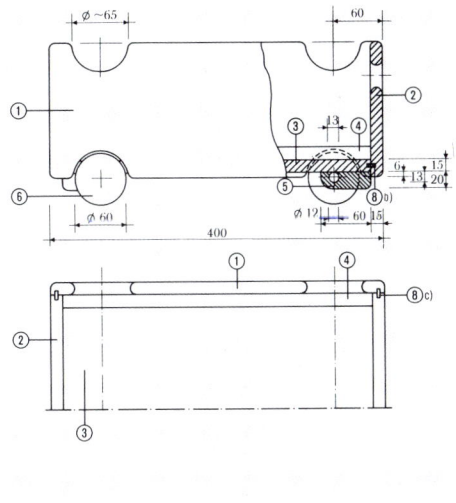

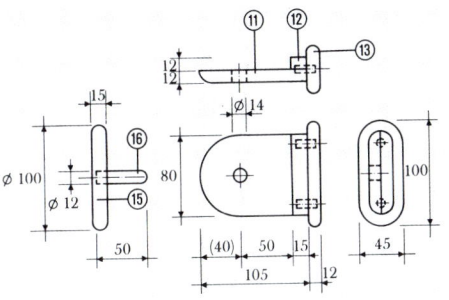

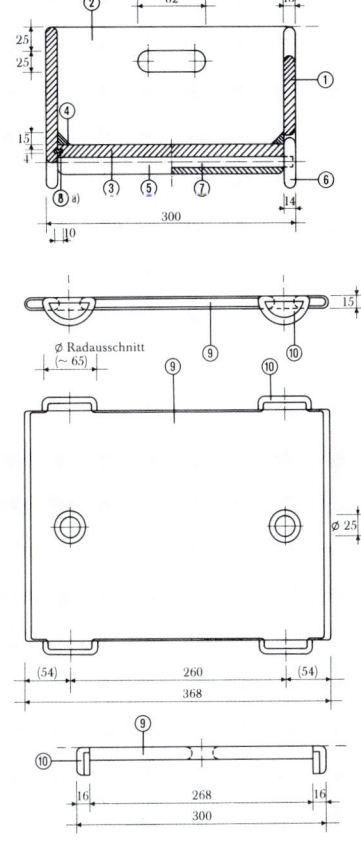

Pos.	Anz.*	Bezeichnung	Maße in mm	Material
9	1	Deckelplatte	368 × 268	Furnierplatte 15 mm
10	4	Halbräder	Ø 65 × 16	Buche
11	1	Zugplatte	105 × 80	
12	1	Füllstück	15 × 80	Furnierplatte 12 mm
13	1	Stoppleiste	100 × 45	
14	2	Leimdübel	Ø 10 × 20	
15	1	Kupplungsscheibe	Ø 100 × 15	Buche
16	1	Kupplungsachse	Ø 12 × 50	

Lochsäge Ø 68 mm; Holzbohrer Ø 10, 12, 14, 25 (Forstnerbohrer); Nutfräser Ø 4, Scheiben-Nutfräser 4 mm, Abrundfräser R 6,3, R 12, Hohlkehlfräser Ø 13; Leim, Schleifpapier, farbige Holzbeize, Klarlack

* Anz.: bezogen auf jeweils 1 Exemplar; ** für hohe Kiste 320

Bärentheater

Alle Kinder mögen Puzzles. Und wenn die Teile dann wie
hier gleichzeitig einen vielseitigen Baukasten und ein
Theater darstellen, werden die lustigen Bären mit
Sicherheit zu den Lieblingsspielzeugen Ihrer Kinder
gehören.

Das Puzzle besteht aus einem Holzkasten, in den die Teile, richtig angeordnet, genau hineinpassen. Zwei Schiebedeckel verschließen das Ganze und bilden gleichzeitig den Theatervorhang. Um diesen natürlich zu gestalten, wird farblich passender Stoff in Falten gelegt auf die Deckeloberseiten geklebt.

Wie sich die Teile des Kastens zusammenfügen, macht die Zeichnung auf Seite 38 deutlich. Eingefräste Flachdübel verstärken die Verbindungen der 45-Grad-Gehrungen. Die Längsseiten erhalten vorher zwei Nuten für den Boden und die Schieber. Die Bodennut ist 5 mm, die für den Schieber 6 mm breit.

Um die Einzelteile des Puzzles herzustellen, müssen Sie den Aufsichtsplan auf Seite 37 mit einem geeigneten Kopierer auf Maßstab 1:1 vergrößern. Als Maß: Die Giebelbasis ist 420 mm lang. Die Einzelteile werden dann auf vorbereitete Hartholzbretter entsprechender Dicke (siehe Materialliste) durchgepaust. Die reliefartig vortretenden Teile zweimal kopieren, weil hier die gewünschte Dicke durch Aufdoppeln der Teile erreicht wird.

Zum Aussägen der Elemente können Sie die Stichsäge, bestückt mit einem extraschmalen Kurvensägeblatt benutzen. Am besten montieren Sie die Maschine stationär unter den Sägetisch. Im Abfallholz werden dann neben den angezeichneten Teilen Wendelöcher vorgebohrt, die es erlauben, das Sägeblatt bequem anzusetzen. Die Pendelhubeinrichtung der Stichsäge wird abgeschaltet, um die bestmögliche Schnittqualität zu erzielen.

Vor dem Aussägen der glattkantigen Teile bohrt man im Abfallholz Wendelöcher ins Werkstück, um hier die Stichsäge ansetzen zu können

Für die Feinbearbeitung der ausgesägten Teile benötigt man Raspel und Holzfeile. Der Bandschleifer hilft beim Feinmodellieren

Die auf Maßstab 1:1 vergrößerte Vorlage aufs Holz durchpausen und dann die Konturen der Bären mit einem Schriftfräser nachziehen

Der zur stationären Abrichte aufgebaute Hobel wird zum Runden der beiden Säulen eingesetzt. Die Spantiefe dabei stetig verringern

Die Seitenteile des Kastens erhalten 5 mm breite Nuten zur Aufnahme des Bodens. Die Nuten für die Schieber auf 6 mm verbreitern

Nach dem Verleimen schleift man die Gehrungen mit dem Bandschleifer oder dem Schwingschleifer bündig. Zuletzt die Schieberdeckel einpassen

Die Konturen der Bärenfiguren können vor dem Aussägen mit einem feinen Schriftfräser etwa 3 mm tief ausgefräst werden. Die Kanten der stärker gerundeten Teile werden erst nach dem Aussägen mit Raspel und Bandschleifer in die gewünschte Form gebracht.

Wenn Sie eine Drechselvorrichtung besitzen, können Sie die Säulen aus entsprechend vorbereiteten Rohlingen herstellen. Ansonsten spannt man den Elektrohobel zum stationären Abrichten auf und hobelt die Kanten der Rohlinge weg, verringert nach und nach die Spantiefe und nähert sich so bei häufigem Drehen des Werkstücks langsam der runden Form.

Natürlich können Sie auch geeignete Rundhölzer aus Buche verwenden, die in Heimwerkermärkten als Meterware angeboten werden. Zuletzt werden auf dem Säulenumfang die Kanneluren angerissen und dann mit der stationären Fräseinrichtung und einem feinen Nut- oder Schriftenfräser ausgefräst.

Sind alle Teile des Puzzles vorbereitet, sollten sie sich mit leichtem Spiel zusammenfügen lassen. Nun geht's an die farbige Gestaltung der Teile, bei der Sie nach Belieben lackieren, beizen oder wachsen können. Nur ungiftige Produkte verwenden!

420

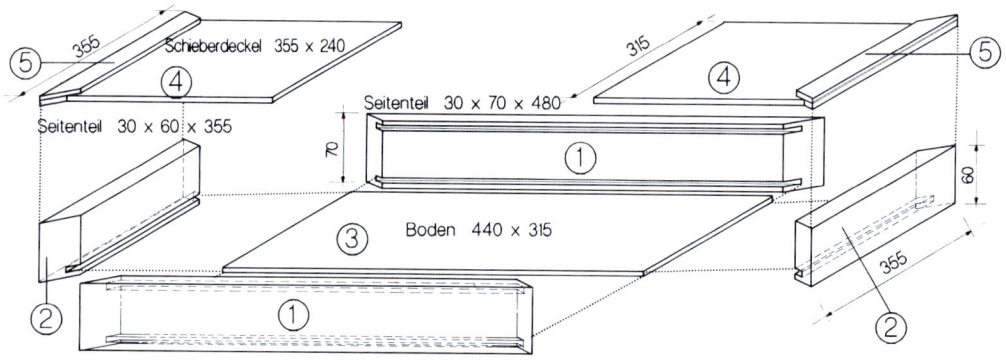

Schieberdeckel 355 x 240
Seitenteil 30 x 60 x 355
Seitenteil 30 x 70 x 480
Boden 440 x 315

Materialliste

Pos.	Anz.	Bezeichnung	Maße in mm	Material
Kasten				
1	2	Längsseiten	480 × 70 × 30	Hartholz, vorzugsweise Buche
2	2	kurze Seitenteile	355 × 60 × 30	
3	1	Boden	440 × 315 × 5	Sperrholz 5 mm
4	2	Schieberdeckel	355 × 240 × 5	
5	2	Griffleisten für Schieberdeckel	355 × 30 × 5	Hartholz, vorzugsweise Buche
Puzzle				
6	2	Säulen mit Kanneluren (Nuten)	40 × 140 × 35	nicht splitterndes Hartholz
7	2	Kapitelle	75 × 35 × 45	
8	2	Säulenbasen	75 × 40 × 50	
9	2	Vorhangplatten	300 × 180 × 22	
10	1	Bühnenboden	290 × 40 × 22	
11	1	Giebel	420 × 80 × 22	
12	1	Tympanon (Giebelfüllstück)	190 × 35 × 40	
13	1	2 Füllstücke durch Diagonale aus Rechteckpl.	200 × 80 × 22	
14	1	Bären aus Hartholzplatte	300 × 150 × 22	
15	1	Holzkugelhälfte auf auf Platte gedoppelt	⌀ 45 ⌀ 45 × 22	
Spielzeugstücke beliebig als Füllstücke				

Biene Maja

Der Fleiß der Bienen ist sprichwörtlich. Dem steht auch
unsere lustige Biene Maja nicht nach. Sobald nur ein
leichter Windhauch weht, drehen sich ihre Flügel
geschwind. Ein herrliches Spielzeug, an dem Kinder sich
nicht satt sehen können.

Alle Teile sind vorbereitet. Nachdem man die Propeller versetzt diagonal eingesägt hat, werden die Flügel in die Schlitze eingeleimt

Die Achse ist mit dem Körper verbunden. Nun können die Flügel befestigt werden. Nach einem Probelauf im Wind geht's ans Bemalen

Den Körper und die Flügel der Biene übertragen Sie mit Hilfe der Rasterzeichnung in Originalgröße aufs Holz und sägen die Teile dann mit der Stichsäge aus. Am besten montieren Sie die Stichsäge dazu unter den Sägetisch (siehe auch Seite 35, Bild rechts oben). So lassen sich kleine Teile besser bearbeiten, als wenn die Maschine an das festgespannte Werkstück herangeführt würde.

Der Körper erhält zwei Bohrungen: einmal für die Achse der Flügel, einmal von unten zur Aufnahme der Haltestange. Zwei weitere kleine Bohrungen von 2 mm Durchmesser am Kopf dienen zum Einsetzen der Fühler aus Draht. Die Fühlerenden versieht man mit aufgeklebten Holzperlen. Ist die Achse in den Körper eingeleimt, geht's an den Zusammenbau von Flügeln und Propellern. Die Propellernaben werden an den Enden 20 mm tief diagonal eingesägt, um dort die Flügel einzuleimen. Mittig auf der breiten Seite wird jeweils ein Loch von 4 mm zum Durchstecken der Schrauben eingebracht. Man verwendet Schrauben mit einem abgesetzten Schaft, auf dem sich die Propeller leicht drehen. Vor der Endmontage werden die Teile farbig bemalt.

Dazu zuerst alle Teil gelb grundieren, dann die schwarzen Bereiche wie in der Rasterzeichnung markiert absetzen. Die als Fühlerenden aufgeleimten Holzperlen werden rot bemalt. Soll die lustige Biene ständig im Freien bleiben, empfiehlt sich ein Schlußanstrich mit wetterfestem farblosem Lack.

Materialliste

Pos.	Anz.	Bezeichnung	Maße in mm	Material
1	1	Körper	170 × 85 *	Fichte
2	2	Propeller	64 × 12	19 mm dick
3	4	Flügel	110 × 75	Sperrholz 5 mm dick
4	1	Achse	120 lang	Buche Ø 12 mm

1 Aufnahmestiel Ø 10 × 1000 lang; 2 Spanplattenschrauben; 2 Scheiben; 2 Augen mit beweglichen Pupillen; 2 Holzperlen Ø 8 mm; 2-mm-Schweißdraht (Fühler); Holzleim
* Rohmaße.

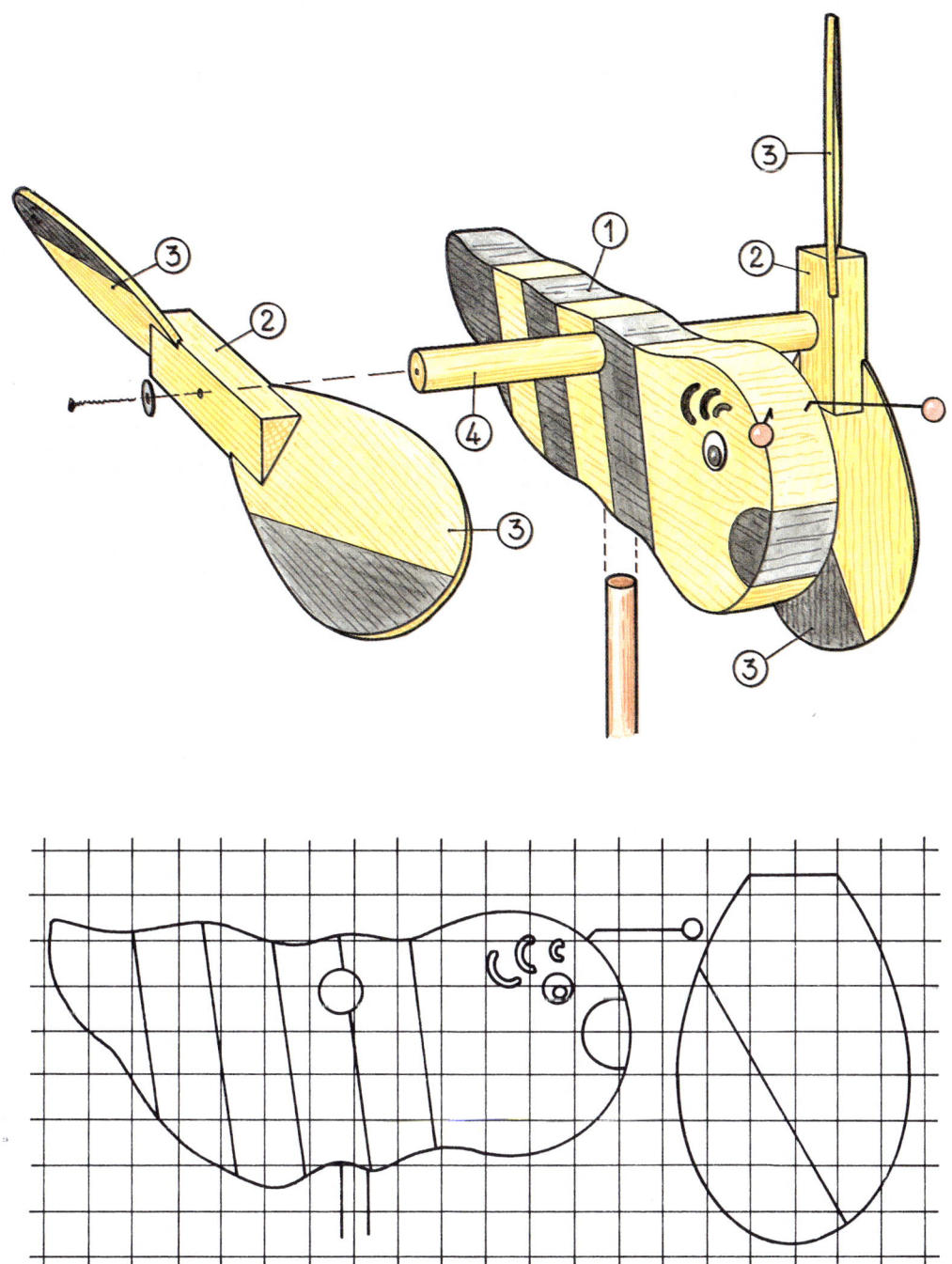

Ein Kästchen der Rasterzeichnung mißt 12,5 × 12,5 mm

Dreidecker

Ist das nicht ein Spielzeug, von dem alle Kinder träumen?
Man kann sich richtig auf den schicken Flieger setzen,
mit dem Rad im Rumpf den Propeller wirbeln lassen und
dann abheben . . . Wer unseren attraktiven Dreidecker
sieht, wird auf Anhieb vermuten, zu seinem Nachbau
seien schwierige Holzbearbeitungstechniken erforderlich.
Doch weit gefehlt! Auch ein Anfänger kann sich getrost
an dieses schöne Kinderspielzeug wagen.

Außer den Tragflächen- und Leitwerkstreben bestehen alle Teile aus Kiefernleimholz, das Sie in jedem Heimwerkermarkt in verschiedenen Plattenformaten bekommen.

Für den Dreidecker reichen kleine Regalbretter von 300 × 600 mm, die sich leicht transportieren lassen und aus denen man mit wenig Verschnitt die benötigten Teile heraussägen kann – ein preiswertes Spielzeug.

Die Rohmaße finden Sie in der Materialliste, die genauen Umrisse ergeben sich aus den Bauzeichnungen.

Zunächst reißt man sich die Teile der Positionen 1–13 so an, daß beim Plattenmaterial möglichst wenig Verschnitt anfällt. Zum Sägen der langen Schnitte kann eine Tischkreissäge eingesetzt werden. Es ist aber ebenso problemlos möglich, alle Schnitte mit der Stichsäge (feines Sägeblatt) vorzunehmen. Bei ruhigem und präzisem Vorschub erzielen Sie auch mit diesem Werkzeug exakte Ergebnisse.

Die beiden Rumpfflächen zeichnet man zunächst nur auf, um dann – wie im oberen Bild gezeigt – den Kanal für die Propellerachse zu fräsen. Die Oberfräse wird dabei mit dem Parallelanschlag an der Plattenkante geführt. Da die Achse in einem Röhrchen von mindestens 6,5 mm Innendurchmesser laufen soll, sind in die Rumpfhälften zwei entsprechende Kanalhälften zu fräsen, in die man später das Röhrchen ohne zu großes Spiel einleimen kann. Man kann dazu einen passenden Falz- oder Viertelstabfräser einsetzen.

Am hinteren Ende der Rumpfhälften wird an den Innenseiten jeweils ein 20 mm breiter und 9 mm tiefer Falz gefräst. In den so entstehenden Schlitz wird später das Seitenleitwerk eingeleimt.

Die Tragflächenteile sowie die Höhenleitwerke werden im nächsten Arbeitsschritt mit den Bohrungen für die Streben versehen. Die Positionen der Bohrlöcher ergeben sich aus den Zeichnungen. Nach diesen Vorbereitungen schneidet man nach der Rasterzeichnung das Seitenleitwerk aus.

Die Tragflächen- und Leitwerkstreben werden abgelängt und rot gebeizt. Da die durchgesteckten Strebenenden später auf der oberen Tragfläche sichtbar sein werden, klebt man sie an einer Seite mit Tesafilm ab, damit sie in diesem Bereich keine Beize annehmen.

Die zwei Räder bestehen aus je zwei Radscheiben, die man aufeinanderleimt und ebenfalls rot beizt.

Bevor Sie die auf die Leimholzplatte übertragenen Konturen der Rumpfhälften aussägen, werden die Aussparungen für die Propellerachse gefräst

Nun können Sie die Rumpfhälften miteinander verleimen. Zulagen verteilen den Anpreßdruck und schützen das Werkstück

Mit Hilfe eines Bohrständers stellen Sie die Löcher für die Tragflächenstreben her. Ein untergelegtes Stück Abfallholz sorgt für saubere Bohrungen

Mit Hilfe der Rasterzeichnung lassen sich die Umrisse des Seitenleitwerks auf Originalgröße übertragen. Mit der Stichsäge ausschneiden

Vor dem Beizen der Tragflächen- und Leitwerksstreben werden die später sichtbaren Enden der Rundhölzer mit Tesafilm überklebt

Die vier Radscheiben mit Hilfe eines Zirkels aus einer Leiste und zwei Nägeln anreißen. Dann mit der Stichsäge ausschneiden

Bleibt noch der Propeller zu formen. Ausgangsmaterial ist eine Leiste von 370 × 45 mm, die man zur Mitte hin auf eine Breite von 20 mm verjüngt. Dann geht's mit der Raspel ans Werk, um die nötige Abschrägung der Propellerhälften herauszuarbeiten.

Die gewünschten Konturen sehen Sie in der Zeichnung der Seitenansicht sowie in der Draufsicht. Ist die Form grob vorbereitet, rundet man die Ecken und glättet die Flächen erst mit grobem und dann mit immer feinerem Schleifpapier. Ein Schwingschleifer kann diese Feinarbeit erleichtern. Auch der Propeller und das dazugehörige Propellerrad werden rot gebeizt. Ehe es ans weitere Zusammenbauen der Einzelteile geht, heißt es noch einmal alle Sägeschnitte sorgfältig glätten und die scharfen Kanten brechen. Auch hier kommen für die Vorarbeit Raspel und grobes Schleifpapier zum Einsatz. An allen größeren Flächen erleichtert der Schwingschleifer wiederum die Feinarbeit.

Nun folgt der eigentliche Zusammenbau. Zuerst setzt man die untere Tragfläche in die entsprechende Aussparung des Rumpfes. Leim und Holzschrauben sorgen für eine feste Verbindung. Die Tragflächenstreben leimt man zuerst bündig in die obere Tragfläche ein und schiebt dann die beiden Hälften der mittleren Tragflächen auf. Vorher an die späteren Positionen und die Auflagen am Rumpf etwas Leim geben. Überschüssigen Leim sofort abwischen, wenn die Tragflächenhälften korrekt sitzen. Im nächsten Schritt werden die Tragflächenstreben in die untere Tragfläche geleimt. Der Dreidecker hat damit im vorderen Bereich bereits Gestalt angenommen. Hinten muß zunächst noch das Seitenleitwerk in den entsprechenden Schlitz des Rumpfes geleimt werden.

Sodann kann man das als Sitzfläche dienende obere Höhenleitwerk sowie die Rückwand mit dem Rumpf bzw. dem Seitenleitwerk verleimen und verschrauben. Damit die verwendeten selbstschneidenden Holzschrauben nicht sichtbar bleiben, zuerst jeweils eine etwa 10 mm tiefe Bohrung von 10 mm Durchmesser vorbereiten und in diese Löcher die Schrauben drehen. Anschließend verschließt man die Löcher mit Dübelhölzern. Die Verbindung von oberem und unterem Höhenleitwerk mit den Leitwerkstreben erfolgt sinngemäß wie bei den Tragflächen.

Bleibt noch das Fahrwerk unter der unteren Tragfläche zu befestigen. Hier sind die Teile stumpf miteinander verleimt und verschraubt. Für die Aufnahme der Achse weisen die senkrechten Teile 8-mm-Bohrungen auf.

Fest aufgedrehte Hutmuttern sichern die Achse auf beiden Seiten. Am besten schneidet man das erforderliche M 8-Gewinde zunächst auf eine Seite der Achse, schiebt U-Scheiben und ein Rad auf und steckt die Achse dann durch das Fahrwerk. Nun auch auf der anderen Seite U-Scheiben und Rad aufschieben und erst dann die exakte Länge der Achse anreißen. Die Achse ablängen, mit dem zweiten Gewinde versehen und dann die Räder endgültig montieren. Hinten ruht der Dreidecker auf einer Lenkrolle. Man kann diese Rolle – wie im Foto zu sehen – einfach mit ihrer Befestigungsachse durch das untere Höhenleitwerk stecken. Besser ist es allerdings – wie in der Zeichnung der Seitenansicht dargestellt – einen Holzkeil von 30 × 30 mm und etwa 11 Grad Neigung dazwischenzuleimen. Dann steht die Befestigungsachse nämlich senkrecht, wenn das Rad den Boden berührt. Es läßt sich leichter lenken.

Der Propeller und das Propellerrad sind durch die Propellerachse miteinander verbunden. Beide Teile werden vorgebohrt, dann dreht man den Propeller auf den Gewindestab und fixiert ihn vorne mit einer Mutter. Ins Bohrloch des Rades gibt man etwas Leim, bevor man die Achse dann in den Rumpf einführt und in das Propellerrad eindreht.

Die Oberfläche des Holzes schützen Sie am besten durch einen Überzug mit einem für Spielzeuge geeigneten ungiftigen Klarlack. Und dann kann nach Herzenslust gespielt werden . . .

Vor dem Zusammenbau der Einzelteile werden alle Flächen sorgfältig geschliffen und die Kanten der Werkstücke gebrochen

Zum Schneiden der Gewinde für die Hutmuttern spannen Sie die Aluminiumachse unter Verwendung von Zulagen fest in den Schraubstock

Die Grundform des Propellers zunächst aussägen, dann die Abschrägungen raspeln und mit dem Schwingschleifer nacharbeiten

Sind die Holzteile miteinander verleimt, werden zuletzt die Räder montiert. U-Scheiben halten die erforderliche Distanz zum Fahrwerk

Materialliste

Pos.	Anz.	Bezeichnung	Maße in mm	Material
1	2	Rumpfhälften	600 × 139	
2	2	Aufdoppelungen	139 × 30	
3	1	Seitenleitwerk	290 × 170	
4	2	Tragflächen	600 × 125	
5	2	Tragflächen	270 × 125	
6	1	Rückwand	230 × 125	
7	1	Höhenleitwerk	240 × 130	Kiefernleimholz
8	1	Höhenleitwerk	230 × 130	18 mm dick
9	1	Propellerrad	∅ 80	
10	1	Propeller	370 × 45	
11	2	Fahrwerkteile	360 × 95	
12	2	Fahrwerkteile	114 × 95	
13	4	Radscheiben	∅ 146	
14	6	Tragflächenstreben	260 Ramin	
15	4	Leitwerkstreben	170	∅ 14 mm

1 Gewindestab, M6 × 300 mm (Propellerachse); 1 Sechskantmutter M6; 1 Kupferröhrchen, 245 mm lang, Innendurchmesser mind. 6,5 mm; 1 Alu-Rundstab, 8 mm Durchm., 461 mm lang; 2 Hutmuttern M8, DIN 917; niedrige Form; 4 U-Scheiben für M8; Dübelholz 10 mm Durchm.; 1 Lenkrolle, Einbauhöhe 70 mm; 1 Holzkeil, 30 × 30 mm, 11 Grad; Spanplattenschrauben; Holzleim

Das Propellerrad im Rumpf des Dreideckers ist durch einen als Achse dienenden Gewindestab mit dem Propeller verbunden. So kann der Propeller des Flugzeugs beim Spielen in Bewegung versetzt werden

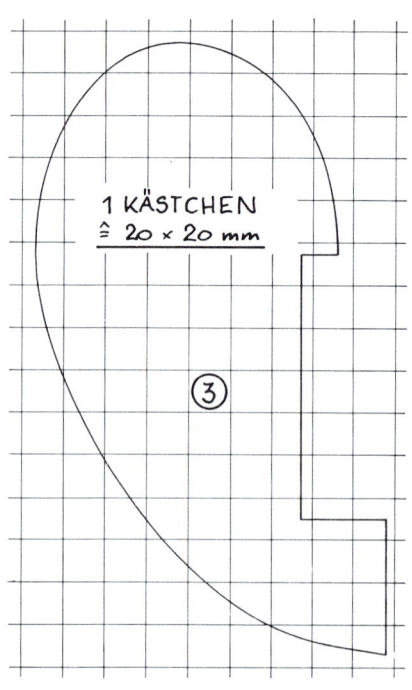

1 KÄSTCHEN ≙ 20 × 20 mm

③

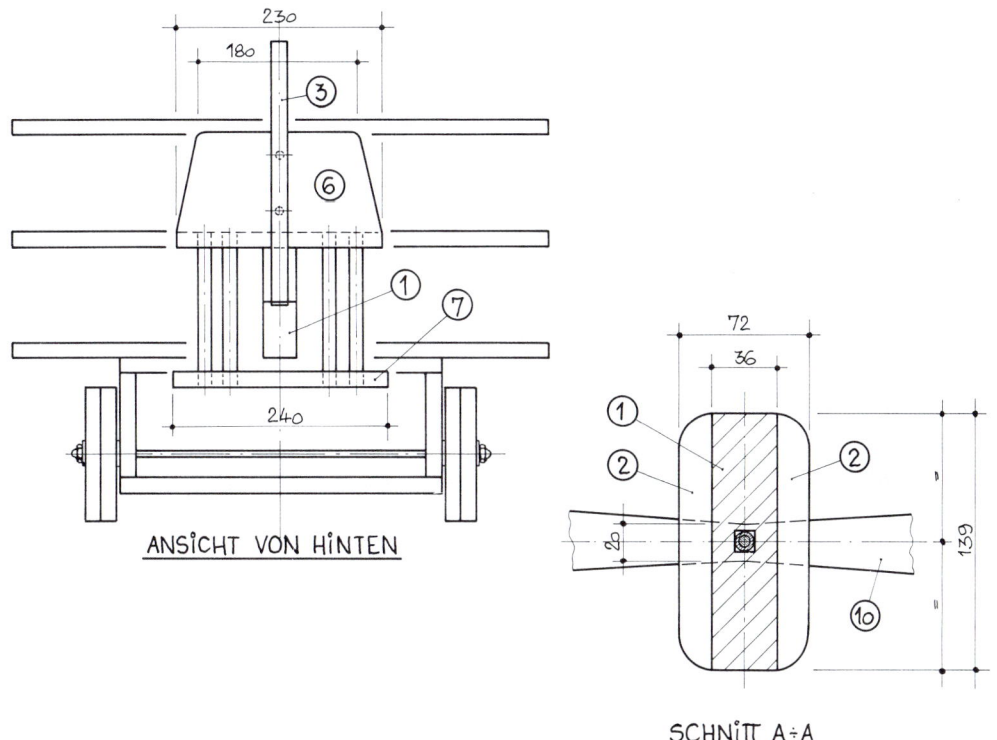

ANSICHT VON HINTEN

SCHNITT A÷A

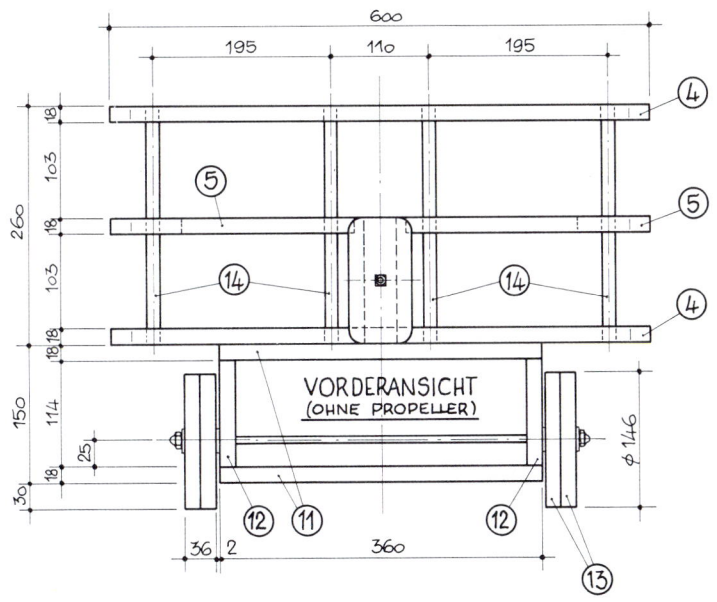

VORDERANSICHT
(OHNE PROPELLER)

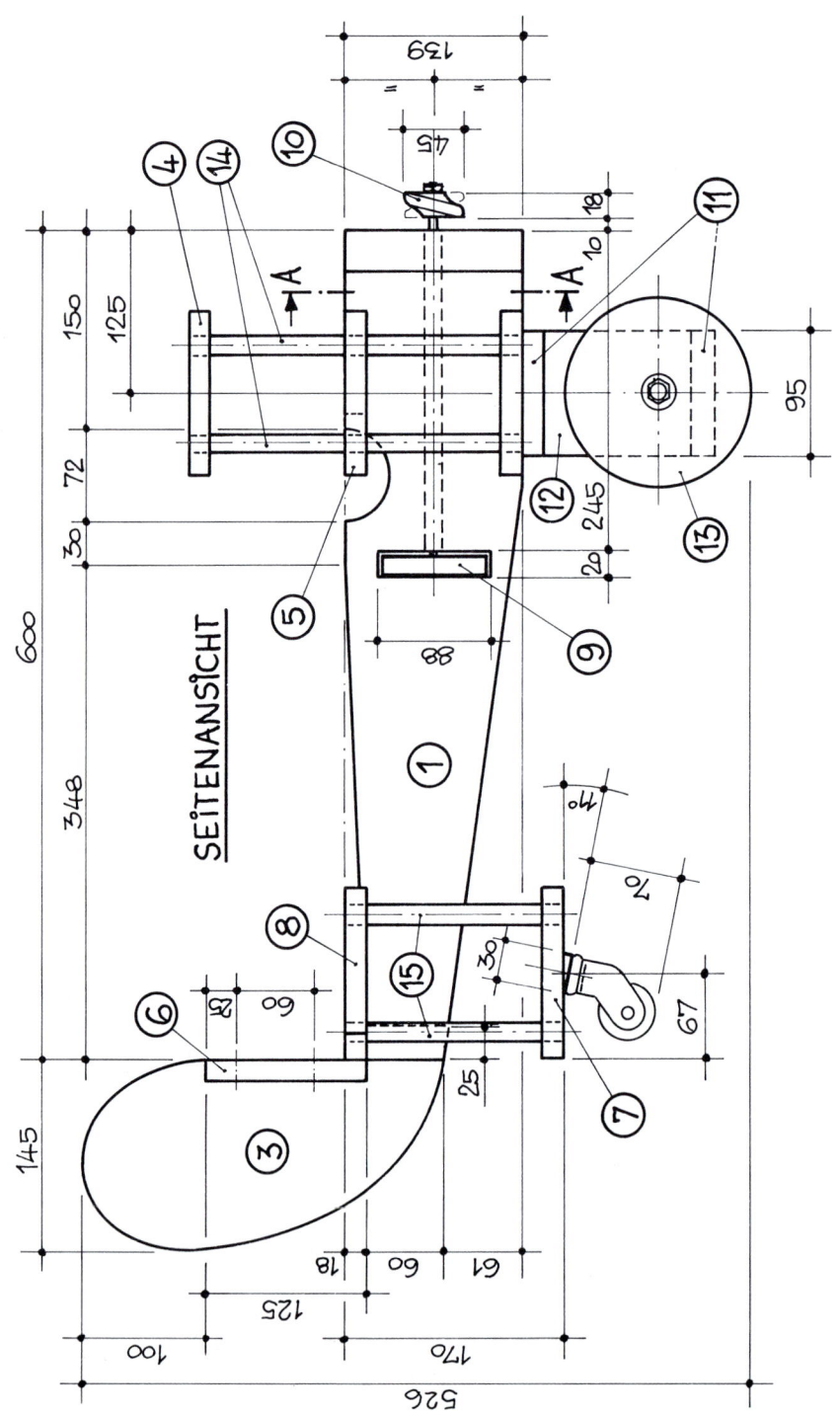

SEITENANSICHT

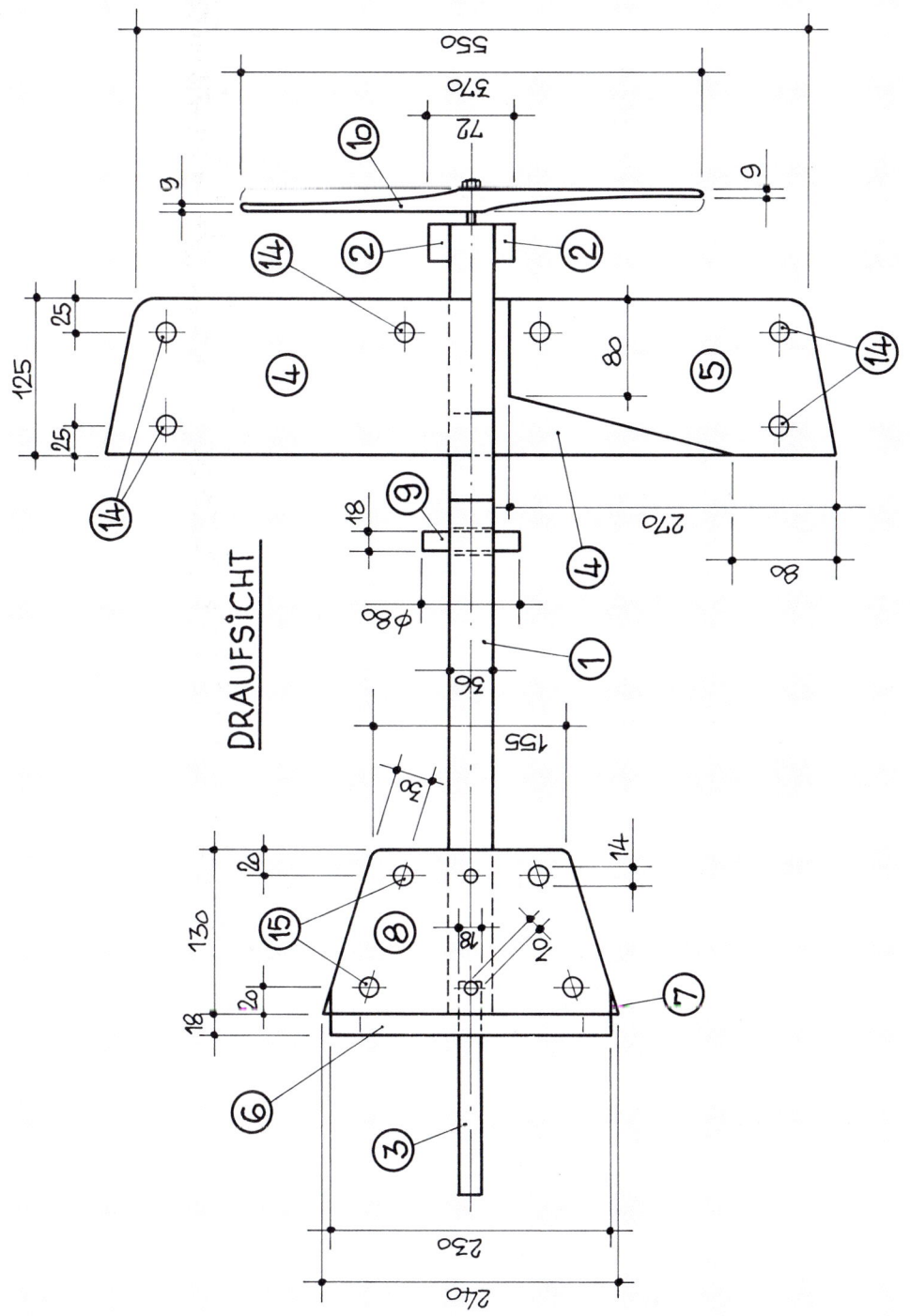

DRAUFSICHT

Ritterburg

Beim Anblick der prächtigen Ritterburg mit Zugbrücke,
Turm und Wohntrakt – das Ganze umrahmt von mächtigen
Zinnen – werden auch bei Erwachsenen alte Kindheits-
träume wieder wach. Wenn Sie Ihrem Nachwuchs eine
Riesenfreude machen wollen – mit ein wenig
heimwerkerischem Geschick ist das herrliche Spielzeug
aus Kiefernleimholz schnell nachgebaut.

Die Ritterburg besteht aus nach einem Raster-
maß gefertigten Elementen, die mit Hilfe einge-
setzter Holzdübel einfach zusammengesteckt
werden. Durch zusätzliche Mauerelemente läßt
sich die hier gezeigte Burg auf Wunsch beliebig
vergrößern. Nach dem Spielen sind die Teile im
Nu platzsparend in einem Karton verstaut.
Man beginnt den Nachbau der Ritterburg am besten mit dem Mauerfüllstück und der Mauerecke.
Das Mauerfüllstück ist 160 mm hoch und
200 mm breit. In die Oberkante werden fünf Zinnen von 20 × 20 mm eingesägt. An der rechten
Seitenkante läßt man zwei 6-mm-Holzdübel ein,
die später in entsprechende Bohrungen des
nächsten Elements greifen, um die Einzelteile der
Burg miteinander zu verbinden. Zwei auf die Vor-
derseite geklebte Mauerrippen geben dem Element Standfestigkeit. An der Innenseite wird ein
Galerieboden aus Sperrholz in eine eingefräste
Nut geleimt.
Die Mauerecke fügen Sie aus zwei Teilstücken so
zusammen, daß die von außen gesehen linke
Flanke 180 mm, die rechte 200 mm mißt. Ansonsten gleicht der Aufbau dem des Mauerfüll-
stücks. Die Mauerecke wird bei der hier gezeigten Zusammenstellung als einziges Element
zweimal benötigt.
Die Maße der Eckflanken an der Mauerecke von
180 bzw. 200 mm tauchen gleichermaßen bei der
Turmecke wie auch bei der Hausecke auf. Die
Elemente können bei diesem Rastersystem also
beliebig angeordnet werden. Die Einzelheiten der
Konstruktion entnehmen Sie den Zeichnungen,
die für alle Elemente auf dem hinten in diesem
Buch eingelegten Bauplan abgebildet sind. Dort
finden Sie alle erforderlichen Maßangaben, um
die Teile exakt nachbauen zu können. Die Positionsziffern der Zeichnungen entsprechen denen
der Materiallisten, die wir auf den Seiten 54
und 55 zusammengefaßt haben.
Wie die Arbeitsfotos beweisen, kann auch ein
Anfänger die Ritterburg problemlos nachbauen.
Wenn Sie sorgfältig arbeiten, lassen sich alle
Leimholzteile mit der Stichsäge zuschneiden.
Eine Tischkreissäge erleichtert natürlich die Arbeit. Am stationär aufgebauten Bandschleifer
werden die Sägekanten dann nachgearbeitet. Zur
Verbindung der Holzteile miteinander können Sie
üblichen Weißleim verwenden. Besonders praktisch ist alternativ der Einsatz einer Heißklebepistole. Da die Leimflächen ausreichend groß
sind, genügt es, die aus Kiefernleimholz zu-

**Auf die zugeschnittenen Mauer- und Gebäudeteile
zeichnen Sie die Zinnen auf und bohren zum leich-
teren Aussägen im Abfallholz vor**

**Die unter den Sägetisch montierte Stichsäge,
bestückt mit einem feingeschliffenen Kurvensägeblatt, schneidet die Zinnen heraus**

**Am stationär aufgebauten Bandschleifer werden
alle Sägekanten vor dem Zusammenbau der
Elemente sorgfältig geglättet**

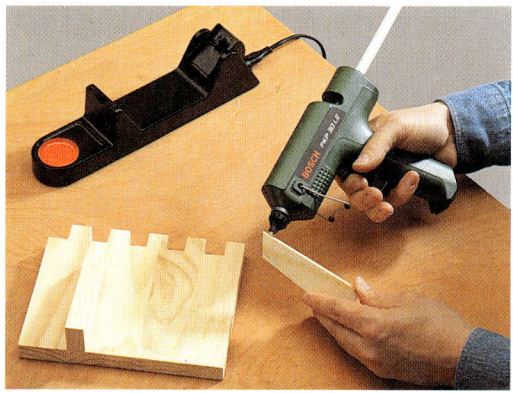

Mit der Heißklebepistole fügen Sie die Holzteile schnell und sicher zusammen. Zuletzt mit speichelfestem Klarlack behandeln

geschnittenen Teile stumpf miteinander zu verbinden.

Nach dem Verleimen werden die Teile noch einmal gründlich geschliffen. Alle Kanten leicht brechen, damit sich später beim Spielen keine gefährlichen Splitter lösen können.

Um die lebhafte Maserung des Kiefernholzes zu betonen, sollte die Oberfläche nach dem Bemalen der roten Teile farblos lackiert werden.

Sind alle Elemente hergestellt, vervollständigen als bewegliche Teile noch eine Treppe für die Hausecke, eine Leiter zum Anlegen an die Galerie und ein Ziehbrunnen für den Innenhof die Ausstattung der Ritterburg. Passende Figuren gibt's im Spielwarenhandel beispielsweise von Playmobil.

Mauerfüllstück

Mauerecke

Hausecke

Turmecke

Zugbrücke

Ziehbrunnen

Materialliste

Pos.	Anz.	Bezeichnung	Maße in mm	Material
Mauerfüllstück				
1	1	Mauerstück	200 × 160	Kiefer-Leimholz
2	2	Mauerrippen	110 × 30	18 mm dick
3	1	Galerieboden	200 × 50	Sperrholz 6 mm dick
2 Holzdübel ⌀ 6 × 30 mm; Holzleim				
Mauerecke				
1	1	Mauerstück	200 × 160	Kiefer-Leimholz
2	1	Mauerstück	162 × 160	18 mm dick
3	4	Mauerrippen	110 × 30	
4	1	Galerieboden	190 × 50	Sperrholz
5	1	Galerieboden	121 × 50	6 mm dick
2 Holzdübel ⌀ 6 × 30 mm; Holzleim				
Hausecke				
1	1	Außenmauer	280 × 200	Kiefer-Leimholz
2	1	Außenmauer	175 × 144	18 mm dick
3	1	Innenmauer	280 × 100	
4	1	Innenmauer	144 × 90	
5	1	Boden	144 × 64	
6	4	Mauerrippen	110 × 30	
7	2	Dachhälften	144 × 85	Sperrholz
8	1	Galerieboden	100 × 50	6 mm dick
9	4	Schlagläden	60 × 15	
10	4	Dachauflager	50 × 6	
4 Holzdübel ⌀ 6 × 30 mm; Holzleim				
Turmecke				
1	1	Außenmauer	280 × 200	Kiefer-Leimholz
2	1	Außenmauer	280 × 162	18 mm dick
3	1	Innenmauer	280 × 82	
4	1	Innenmauer	280 × 64	
5	1	Turmboden	140 × 140	
6	2	Turmseiten	140 × 72	
7	2	Turmseiten	104 × 72	
8	4	Mauerrippen	110 × 30	

Pos.	Anz.	Bezeichnung	Maße in mm	Material
9	1	Galerieboden	100 × 50	Sperrholz
10	1	Galerieboden	80 × 50	6 mm dick
11	4	Schlagläden	60 × 15	

1 Fahnenstange ∅ 8 × 210 mm lang; 1 Fahne, Sperrholz 6 mm dick, 50 × 35 mm;
2 Holzdübel ∅ 6 × 30 mm; Holzleim

Zugbrücke

Pos.	Anz.	Bezeichnung	Maße in mm	Material
1	1	Mauer	200 × 200	Kiefer-Leimholz
2	1	Boden	200 × 100	18 mm dick
3	2	Galeriemauern	200 × 72	
4	2	Galeriemauern	72 × 64	
5	2	Mauerrippen	175 × 40	
6	1	Zugbrücke	155 × 121	Sperrholz 4 mm dick
7	1	Achse	130 lang	Buche ∅ 8 mm

2 Schraubösen; 2 Kettenbefestigungen; 2 Stücke Modellbaukette, ca. 215 mmlang;
4 Holzdübel ∅ 6 × 30 mm; Holzleim

Ziehbrunnen

Pos.	Anz.	Bezeichnung	Maße in mm	Material
1	2	Brunnenringe	80/46	Kiefer-Leimholz 18 mm dick
2	2	Stützen	42 lang	Kiefer 14 × 14 mm
3	1	Firstleiste	90 lang	Dreikant 18 × 18 mm
4	2	Dachhälften	90 × 25	Sperrholz
5	1	Exzenterlasche	25 × 10	4 mm dick
6	1	Fixierring	∅ 14/6	Kiefer 5 mm dick
7	1	Achse	80 lang	Buche ∅ 6 mm
8	1	Kurbel	24 lang	

Holzleim

Treppe

Kiefer-Leimholz, 18 mm dick, 2 × 105 × 90 mm (Rohmaß)

Leiter

2 Holme, Kiefer 12 × 7 mm, 150 lang;
7 Sprossen, Buche ∅ 6 × 36 mm

Kasperltheater

Das wird einen Riesenspaß geben! Ein Kasperltheater fürs Kinderzimmer. Mit seinen lustigen Formen und den frischen Farben präsentiert sich eine Puppenbühne, die den Rahmen für phantasievolles Theaterspielen bildet. Als Zuschauer wie als Puppenspieler hinter der Bühne werden Ihre Kinder begeistert bei der Sache sein.

Wenn Kasperl, Großmutter, Polizist, Teufel und Krokodil die aufregendsten Abenteuer erleben, sind herzliches Kinderlachen und tosender Applaus garantiert.

Damit keine Langeweile aufkommt, können die Figuren auch mal rechts und links aus den beweglichen Fenstern und Türen der Seitenteile hervorlugen und mit dem Publikum ihre Späße treiben.

Vielleicht steht bei Ihnen ja in nächster Zeit ein Kindergeburtstag auf dem Kalender. Dann sollten Sie das tolle Kasperltheater so schnell wie möglich nachbauen. Es ist ein herrliches Geschenk. Und wenn Sie sich dann noch ein kleines Stück für die Eröffnungsaufführung ausdenken, wird die Geburtstagsfeier sicher ein Riesenerfolg. Dank seiner einfachen Konstruktion ist das Kasperltheater auch blitzschnell wieder zusammengeklappt und platzsparend verstaut. Und der Nachbau ist, wie Sie sehen können, überhaupt nicht schwer.

Vorder- und Seitenteile bestehen aus 12 mm dikken Sperrholzplatten. Mit Handkreissäge und Führungsschiene können Sie die benötigten Zuschnitte absolut paßgenau aus einer großen Platte zuschneiden. Alternativ läßt sich die Säge auch an einer aufs Werkstück gespannten Leiste führen.

Sind die großen Teile in Form gebracht, geht es an die Feinarbeit. Das Vorderteil erhält oben seine Abstufung, den kreisförmigen Ausschnitt und das Bühnenfenster. Die Seitenteile werden mit den auf den Zeichnungen (Seite 60–61) markierten Türen und Fenstern versehen. Für diese Arbeiten ist die Stichsäge ideal.

Zum Eintauchen und Wenden beim Sägen der Öffnungen in den Platten werden 8-mm-Bohrungen vorbereitet. Spannen Sie die Teile sorgfältig auf der Werkbank fest. Ein ausreichender seitlicher Überstand verhindert, daß Sie beim Sägen unbeabsichtigt die Arbeitsplatte beschädigen.

Auch alle kleineren Teile wie Schlagläden, Treppenstufen und Türen werden aus dem 12 mm dicken Sperrholzmaterial hergestellt. Am stationär aufgebauten und mit einem Längsanschlag versehenen Bandschleifer lassen sich die Kanten der zugesägten Teile dann sauber nacharbeiten.

Die Innenkanten der Öffnungen in den großen Teilen werden mit Schleifklotz und Schleifpapier geglättet. Für gekrümmte Kanten wie die Ober-

Die Führungsschiene erlaubt absolut präzises Arbeiten mit der Handkreissäge. So werden Vorder- und Seitenteile zugeschnitten

Für die Öffnungen der Teile wird die Stichsäge eingesetzt. Hier entsteht mit Hilfe der Kreisführung ein präziser halbrunder Ausschnitt

Um alle Sägekanten zu glätten, montiert man den Bandschleifer stationär und führt die Werkstücke am Längsanschlag entlang

Für die Bearbeitung geschweifter Formen wird der Bandschleifer besser hochkant aufgespannt und mit dem Queranschlag versehen

Mit dem Exzenterschleifer glätten Sie die Flächen. Eventuelle Fehlstellen im Material zuvor sorgfältig ausspachteln

seite des aus vier Sperrholzlagen zusammengeleimten Daches des linken Seitenportals montiert man den Bandschleifer hochkant und mit Queranschlag versehen auf der Werkbank.

Zum Glätten der großen Holzflächen von Vorder- und Seitenteilen setzen Sie einen Schwing- oder Exzenterschleifer ein.

Sind schließlich alle Holzteile nach der Materialliste vorbereitet, geht es ans Lackieren. Wir haben umweltfreundlichen Acryllack in leuchtenden Tönen verwendet. Bei der farblichen Gestaltung sind Ihrer Phantasie natürlich keine Grenzen gesetzt. Zuletzt montieren Sie die Einzelteile mit Hilfe der Heißklebepistole in den laut Zeichnung vorgesehenen Positionen. Die Klappläden werden mit Scharnieren angeschlagen. Zwei lange Stangenscharniere verbinden schließlich die Seitenteile mit dem Vorderteil.

Zum Eindrehen der vielen kleinen Schrauben empfiehlt sich die Verwendung eines kabellosen Akkuschraubers.

Nun fehlt nur noch der Bühnenvorhang. Dessen beide Hälften sind über eine an der Innenseite des Vorderteils gespannte Schnur gezogen und lassen sich seitlich durch zwei Kordeln raffen. Passende Handpuppen können Sie in jedem gut sortierten Spielwarengeschäft kaufen.

Wer sich ans Schnitzen oder Modellieren wagt, kann die Puppen auch selbst fertigen. An die Köpfe werden aus passendem Stoff genähte Körper geklebt, die man über die Spielhand stülpt.

Die Montage der lackierten Einzelteile an den Seiten des Kasperlstheaters: mit der Heißklebepistole geht's besonders leicht

Mit dem Stabschrauber lassen sich die vielen Schräubchen der Scharniere an den Klappläden mühelos eindrehen

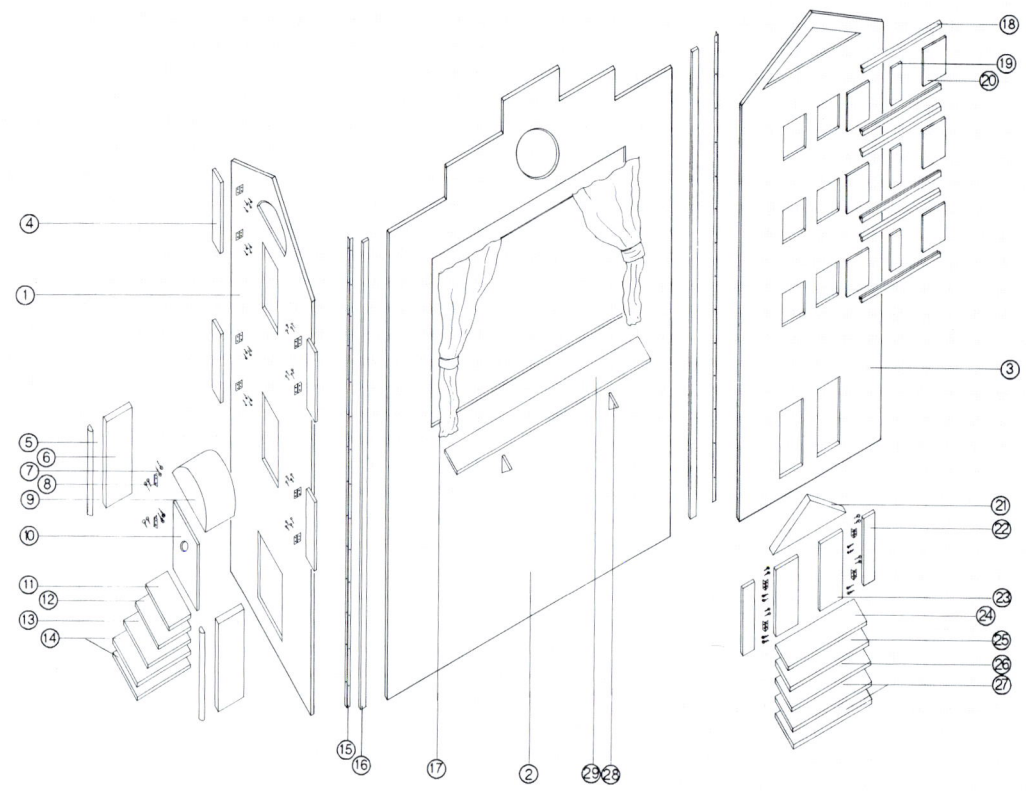

Materialliste

Pos.	Anz.*	Bezeichnung	Maße in mm	Material
1	1	Seitenteil	500 × 1400 × 12	
2	1	Vorderteil	1000 × 1600 × 12	
3	1	Seitenteil	500 × 1400 × 12	Sperrholz
4	4	Schlagläden	50 × 196 × 12	
5	2	Zierleiste	½ ∅ 24 × 260	Dübelstange
6	2	Seitenwand	260 × 33 × 12	Sperrholz
7	60	Holzschrauben	2 × 10	Metall
8	14	Scharniere	10 × 25	
9	1	Dach	208 × 100 × 48	
10	1	Tür	160 × 200 × 12	
11	1	Treppenstufe	160 × 20 × 12	
12	1	Treppenstufe	160 × 50 × 12	Sperrholz
13	1	Treppenstufe	160 × 80 × 12	
14	2	Treppenstufe	160 × 120 × 12	

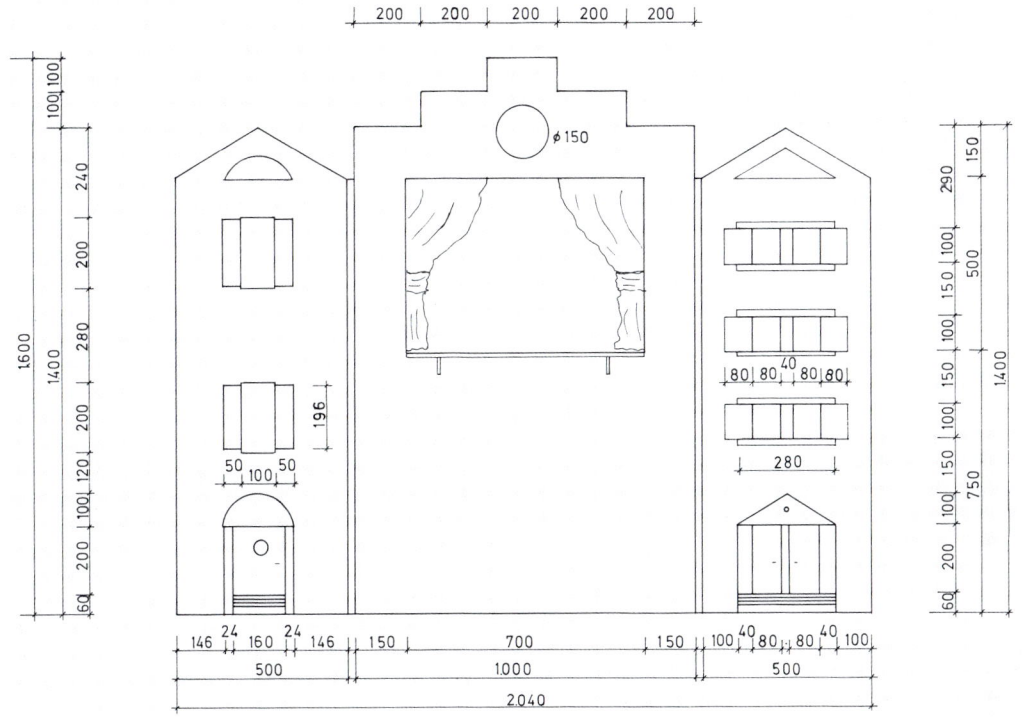

Pos.	Anz.*	Bezeichnung	Maße in mm	Material
15	2	Stangenscharniere	1400 × 12	Metall vernickelt
16	2	Anschlagleisten	1400 × 40 × 15	Fichte massiv
17	2	Vorhänge	500 × 350	Kunstsamt
18	6	Führungsleisten aufgedoppelt	280 × 25 × 12 280 × 20 × 12	
19	3	Blenden	101 × 40 × 6	
20	6	Schiebeläden	101 × 80 × 6	
21	1	Giebeldach	280 × 100 × 24	
22	2	Säulen	205 × 40 × 12	
23	2	Türen	200 × 80 × 12	Sperrholz
24	1	Treppenstufe	280 × 20 × 12	
25	1	Treppenstufe	280 × 50 × 12	
26	1	Treppenstufe	280 × 80 × 12	
27	2	Treppenstufen	280 × 110 × 12	
28	2	Konsolen	50 × 50 × 12	
29	1	Ablage	700 × 70 × 12	

Eisenbahn

Die Idee ist verblüffend einfach: aus drei mach eins!
Rechteckige Grundelemente aus Kiefernleimholz werden
mit Forstnerbohrer und Stichsäge in Form gebracht und
dreilagig miteinander verleimt. Dach drauf, Holzräder
montiert und in den Kessel der Lok noch zwei Schornsteine
eingesetzt – fertig ist die robuste und farbenprächtige
Holzeisenbahn.

Das Material für den Nachbau dieses herrlichen Spielzeugs bekommen Sie in jedem Heimwerkermarkt: Kiefernleimholz, das in diversen Plattengrößen zum Regal- und Möbelbau angeboten wird. Für unseren Zweck reichen Regalbretter von z. B. 250 × 600 mm völlig aus. Diese Platten sind preiswert und können leicht transportiert werden. Sowohl die Lok als auch die Waggons – wir haben drei gebaut – bestehen aus jeweils drei Korpusplatten, die man aufeinanderleimt. Für den kompletten Zug benötigen Sie also 12 Korpusplatten von 220 × 130 mm Größe. Die Zeichnungen der Seitenansichten (Seite 67) zeigen Ihnen die Umrisse der Elemente, die Sie aus den Platten heraussägen müssen.

Am besten zeichnen Sie die Form in Originalgröße auf ein Blatt Papier und pausen anschließend die Konturen auf das Leimholz. Dann ziehen Sie die Umrisse mit einem kräftigen Bleistiftstrich nach. Zum Aussägen der Teile wird die Stichsäge mit einem extrafeinen Kurvensägeblatt bestückt. Sägen Sie stets genau auf dem Strich. Dann werden die aufeinanderzuleimenden Teile exakt gleich groß. Um die Fenster der Waggons sauber herausarbeiten zu können, empfiehlt es sich, die unteren Rundungen mit einem 30-mm-Forstnerbohrer herzustellen und dann die Schlitze mit der Stichsäge nach oben zu verlängern. Sind alle Korpusteile ausgesägt, werden die jeweils zusammengehörigen Lagen mit Holzleim bestrichen und kantenbündig aufeinandergelegt. Schützen Sie die Holzoberfläche vor Druckstellen, ehe Sie die Schraubzwingen ansetzen. Überquellenden Leim sofort mit einem feuchten Tuch abwischen. Nachdem der Leim abgebunden hat, arbeiten Sie die Korpusteile mit Raspel und Schleifpapier nach, bis alle Flächen glatt sind.

Für die Lok benötigen wir nun noch einen Kessel. Er besteht aus sieben aufeinandergeleimten Holzscheiben von 65 mm Durchmesser. Mit einer Lochsäge lassen sich die Scheiben problemlos herstellen. Ein dünner Rundstab, durch die Zentrumsbohrungen der Scheiben gesteckt, sorgt dafür, daß die Scheiben beim Zusammenpressen nicht gegeneinander verrutschen. Der fertige Kessel wird mit Hilfe der Kreissäge oder eines Abrichthobels so abgeflacht, daß eine Auflagefläche für die Befestigung auf dem Korpus entsteht. Die Höhe des Kessels soll, von der Auflage gemessen, 55 mm betragen. Anschließend erhält der Kessel zwei Bohrungen für die Schornsteine. Dazu sollten Sie unbedingt den Bohrständer be-

Sind alle Korpusteile ausgesägt und angerissen, bohren Sie zunächst die unteren Rundungen der Waggonfenster mit dem Forstnerbohrer vor

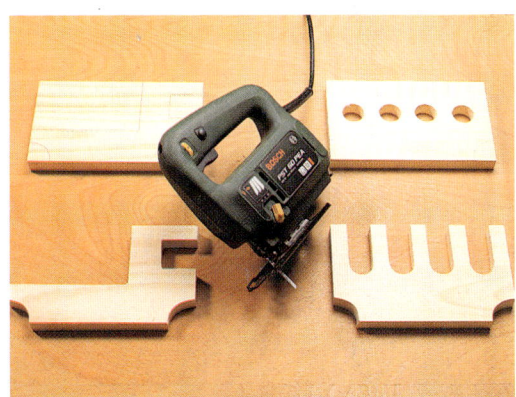

Nun geht es ans Aussägen der Konturen. Oben die Rohlinge, aus denen die Elemente für Lok und Waggons entstanden sind

Jeweils drei Holzlagen werden zu einem Korpus von Lok oder Waggon verleimt. Zulagen verhindern, daß die Zwingen Druckstellen verursachen

Mit Hilfe von Bohrständer und Lochsäge entstehen die Scheiben für den Kessel der Lok. Beim Sägen stets ein Stück Abfallholz unterlegen

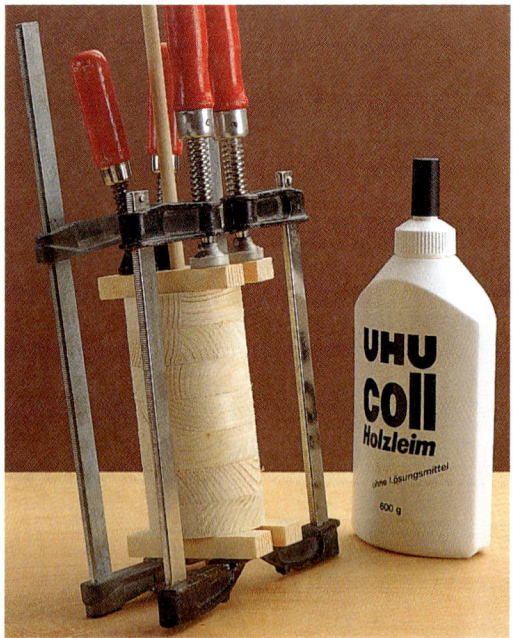

Die sieben Scheiben werden mit Leim bestrichen, auf einen dünnen Rundstab gesteckt und dann mit vier Zwingen gleichmäßig zusammengepreßt

nutzen und den Kessel mit dem Maschinenschraubstock oder einer Zwinge sicher fixieren. Nun werden die Dächer für Lok und Waggons ausgesägt. Alle Kanten mit Raspel und Schleifpapier sanft abrunden. Dann schneiden Sie auch die Schornsteine, Zierleisten und Puffer zu. Diese Teile werden farbig gebeizt oder lasiert, ehe man sie mit dem Korpus verleimt. Für die Herstellung der Räder kommt wieder die Lochsäge zum Einsatz. Für Lok und drei Waggons benötigen Sie insgesamt 18 Räder. Diese werden nach dem Aussägen sauber geschliffen. Die Kanten dabei leicht brechen. Anschließend färbt man sie mit Beize oder Lasur tiefschwarz ein.

Vor der Montage der Räder erfolgt die abschließende Oberflächenbehandlung. Sie können dazu Klarlack oder Lasur verwenden. Grundsätzlich sollen alle Produkte für die Oberflächenbehandlung speichelfest und ungiftig sein.

Die von der Lochsäge stammenden Zentrumsbohrungen in den Rädern dienen gleichzeitig zur Montage am Korpus. Die Positionen der Räder reißen Sie nach der Zeichnung an, um sie dann ein wenig vorzubohren. Nun lassen sich die als Achsen dienenden Schrauben leicht eindrehen. Der Akkuschrauber erleichtert diese Arbeit. Die hier verwendeten Messingschrauben haben einen glatten, vom Gewinde abgesetzten Schaft, auf dem die Räder leicht laufen. Unterlegscheiben sorgen jeweils für die nötige Distanz zum Korpus. Eingeschraubte Ringösen bzw. gebogene Schraubhaken verbinden Lok und Waggons miteinander. Damit die überstehenden Dächer bei Kurvenfahrt des Zugs einen ausreichenden Einschlag ermöglichen, werden die in den Zeichnungen erkennbaren Pufferleisten als zusätzliche Distanzelemente eingesetzt.

Damit die Kinder den Zug auch hinter sich her ziehen können, läßt sich zusätzlich vorn an der Lok eine Ringöse eindrehen, an der Sie eine Schnur festmachen.

Sind Korpus und Kessel verleimt, befestigt man die farbig gebeizten Teile

Zuletzt werden die Räder angeschraubt. Unterlegscheiben sorgen für einen reibungsarmen Lauf

Schöner als ein Fertigprodukt aus dem Spielwaren-geschäft ist die selbstgebaute Holzeisenbahn. Dabei ist der Bau, gutes Werkzeug vorausgesetzt, weder besonders schwierig noch allzu aufwendig. Überdies ist dieses Spielzeug so robust, daß es auch rauhen Spielbetrieb unbeschadet übersteht

Materialliste

Anz.	Bezeichnung	Maße in mm	Material
Lok			
3	Korpusplatten	220 × 130	Kiefernleimholz
1	Dach	120 × 100	18 mm dick
7	Kesselscheiben	Ø 65	
6	Räder	Ø 50	
1	Schornstein	50 lang	Ramin
1	Schornstein	30 lang	Ø 20 mm
1	Kesselkappe	5 lang	
4	Puffer	5 lang	Ramin Ø 10 mm
1	Pufferleiste	54 lang	Kiefer 10 × 20 mm
2	Zierleisten	190 lang	Ramin 10 × 5 mm
6 Linsenkopfschrauben Messing 5 × 50 mm; 6 U-Scheiben; 1 Ringöse 40 mm			
Waggon			
3	Korpusplatten	220 × 130	Kiefernleimholz, 18 mm dick
1	Dach	260 × 100	
4	Räder	Ø 50 mm	
4	Puffer	5 lang	Ramin Ø 10 mm
2	Pufferleisten	54 lang	Kiefer 10 × 20 mm
2	Zierleisten	180 lang	Ramin 10 × 5 mm
2	Zierleisten	80 lang	
4 Linsenkopfschrauben Messing 5 × 50 mm; 4 U-Scheiben; 1 gebogener Schraubhaken 40 mm; 1 Ringöse 40 mm			

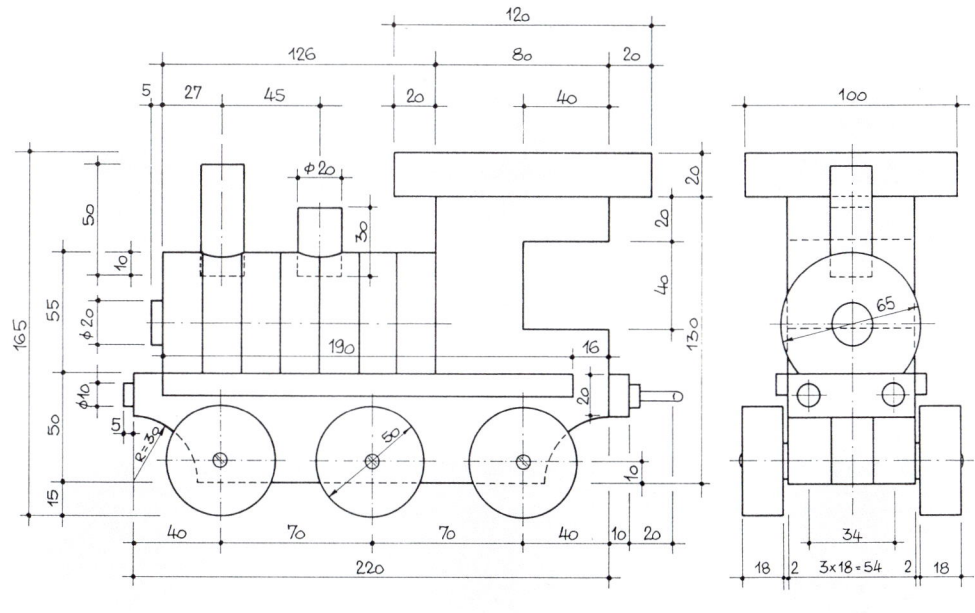

SEITENANSICHT LOK   STIRNSEITE LOK

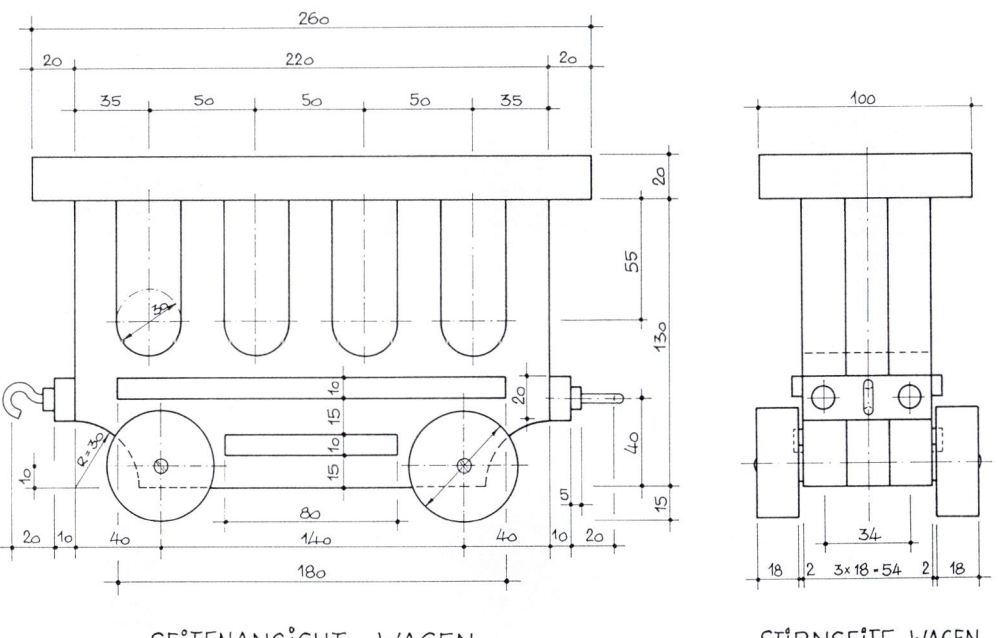

SEITENANSICHT WAGEN   STIRNSEITE WAGEN

Schaukel-Dino

In der Natur sind sie schon seit Jahrmillionen
ausgestorben, doch die Phantasie der Menschen hat die
Saurier der Urzeit zu neuem Leben erweckt.Ein besonders
freundliches Exemplar seiner Gattung ist unser Dino, der
lustige Schaukel-Saurier.

Wer sich an diesen Bauvorschlag wagt, wird damit für die Attraktion im Kinderzimmer sorgen. Dann heißt es Platz nehmen auf dem Rücken des verschmitzt lachenden Ungeheuers, und los geht's zum Ritt in die Welt der geheimnisvollen Urtiere.

Für Kinder, die noch nicht richtig schaukeln können, lassen sich die Kufen abschrauben und durch Räder ersetzen. Dann steht Dino beim Spielen fest auf seinen vier stämmigen Beinen und kann an der Schnur durchs Kinderzimmer gezogen werden.

Alle Korpusteile, Kufen und Räder, aus denen der Schaukel-Dino zusammengesetzt wird, bestehen aus Fichten- oder Kiefernleimholz. Wie Sie auf der Schnittzeichnung auf Seite 73 erkennen, werden für den Rumpf fünf und für die Beine drei Schichten der Holzplatten aufeinandergeleimt. Die Kufen fügen sich aus zwei Lagen zusammen. Die Materialliste auf Seite 72 führt alle benötigten Holz- und Zubehörteile auf. Die Positionsziffern entsprechen denen der Zeichnungen.

Um die geschweiften Teile herzustellen, bedient man sich der Rasterzeichnung. Ein Kästchen mißt in Originalgröße 100 × 100 mm. Am besten reißen Sie das Raster auf entsprechend großen Sperrholzplatten an, um dann die Konturen der Teile nachzuzeichnen und schließlich für Rumpf, Beine und Kufen mit der Stichsäge Schablonen herauszuschneiden.

Benutzen Sie ein extra feines Kurvensägeblatt und schalten Sie die Pendelhubeinrichtung der Stichsäge ab. So wird der Schnitt besonders sauber. Anschließend die Sägekanten der Schablonen mit Schleifklotz und Schleifpapier glätten, weil sich jede Unebenheit auf die Werkstücke übertragen würde.

Sind alle Schablonen vorbereitet, geht es ans Anreißen der Teile auf dem Leimholz. Obwohl für die fünf großen Korpusteile in der Materialliste ein Rohmaß von 900 × 620 mm angegeben ist, können Sie mit 600 mm breiten Leimholzplatten arbeiten, wenn Sie die Schablone ein wenig schräg anlegen. Grundsätzlich wird man sich bemühen, den Verschnitt so gering wie möglich zu halten. Achten Sie beim Anreißen der Teile darauf, daß die Maserung der später aufeinanderliegenden Teile in gleicher Richtung verläuft. Ansonsten kann es beim Nachtrocknen des Holzes zu Rissen kommen.

Zum Ausschneiden der angerissenen Teile kommt wieder die Stichsäge zum Einsatz. Sind

Die mit Hilfe von Sperrholzschablonen angerissenen Teile für Korpus, Beine und Kufen werden mit der Stichsäge ausgeschnitten

Sind die Holzlagen der Teile miteinander verleimt, bestückt man die Oberfräse mit einem Viertelstabfräser, um die Kanten zu runden

Der Exzenterschleifer glättet die Oberfläche. Fehlstellen im Material und eventuell ausgerissenen Kanten werden zuvor sorgfältig gespachtelt

Für eine sichere Verbindung der Holzteile sorgen Leim und Holzdübel. Für gleichmäßige Bohrungen den Tiefenanschlag verwenden

Soll der Dino nur als Schaukeltier benutzt werden, können Sie die Kufen fest auf die Beine leimen und zusätzlich von unten verschrauben

Die Räder für das Fahrgestell des Sauriers lassen sich mit einer Lochsäge präzise ausschneiden. Dabei stets ein Stück Abfallholz unterlegen.

dann alle Teile vorbereitet, können sie miteinander verleimt werden. Dazu die einzelnen Lagen mit Holzleim bestreichen, aufeinanderlegen und in der richtigen Position durch feine Senkkopfnägel miteinander verbinden. Anschließend setzt man rundum Schraubzwingen an und preßt die Teile zusammen. Die Nägel verhindern, daß sich die einzelnen Lagen dabei gegeneinander verschieben. Unbedingt Zulagen verwenden, damit die Zwingen keine Druckstellen im Holz verursachen.

Nachdem der Leim abgebunden hat, werden die Bohrungen für Fußstützen und Griffstangen hergestellt und dann die Kanten der Teile ringsum mit Hilfe der Oberfräse und eines Viertelstabfräsers mit Anlaufring gerundet. Anschließend glättet man sorgfältig alle Unebenheiten mit dem Schwingschleifer oder dem Exzenterschleifer. Nun können Sie Korpus und Beine miteinander verbinden. Vorn drei und hinten vier eingebohrte 8-mm-Holzdübel stabilisieren jeweils die Verleimung.

Auch die Sitzplatte wird mit Leim und Holzdübeln auf dem Korpus befestigt. Bohren Sie hier die Dübellöcher und leimen Sie die Dübel zunächst nur in die Sitzplatte ein. Erst nach dem Lackieren wird die Sitzplatte dann endgültig mit dem Korpus verbunden.

Jetzt kann unser Dino zum ersten Mal auf seinen eigenen Beinen stehen. Für einen Proberitt werden auch die Fußstützen und die Griffstange eingeleimt. Fehlen noch die Kufen und die auf Wunsch alternativ zu befestigenden Räder.

Um die beiden Stützbretter sicher mit den Kufen zu verbinden, werden jeweils drei Holzdübel in die Stirnseiten gesetzt und die Teile dann miteinander verleimt. Soll der Dino nur zum Schaukeln eingesetzt werden, können Sie die Beine auf die Stützbretter leimen und zusätzlich von unten verschrauben. Zuvor sollten die Teile allerdings fertig lackiert sein.

Um wahlweise statt der Kufen auch die Räder unter den lustigen Saurier schrauben zu können, empfiehlt es sich, in die Unterseite der Füße je zwei Einschraubmuttern M 8 zu setzen, in die man dann zur wahlweisen Montage von Kufen und Fahrgestell entsprechende Maschinenschrauben dreht.

Die beiden Fahrgestellteile für unseren Dino sind leicht hergestellt. Man sägt die Radscheiben mit der Stichsäge aus oder benutzt eine 90-mm-Lochsäge.

Die beiden Böden haben mit 198 × 110 mm
Größe die gleichen Maße wie die Stützbretter der
Kufen. Seitlich werden Achslager mit Leim und
Holzdübeln befestigt. Durch die vorbereiteten
Bohrungen stecken Sie zuletzt die Achsen, schie-
ben als Distanzhalter M 10-Unterlegscheiben auf
und verleimen Achse und Radscheiben. Am vor-
deren Fahrgestell wird eine Schrauböse ein-
gedreht, an der Sie eine Schnur zum Ziehen des
Dinos befestigen können.
Zum Lackieren des Schaukel-Sauriers empfiehlt
sich umweltfreundliche Acrylfarbe. Das Holz des
Körpers zuerst spachteln, dann weiß vorstreichen
und anschließend grün grundieren. Zuletzt
Bauch, Maul und Augen aufmalen.

**Um zu verhindern, daß kleine Geschwister durch
die Kufen des Schaukel-Dinos verletzt werden,
können Sie die Fahrgestelle montieren**

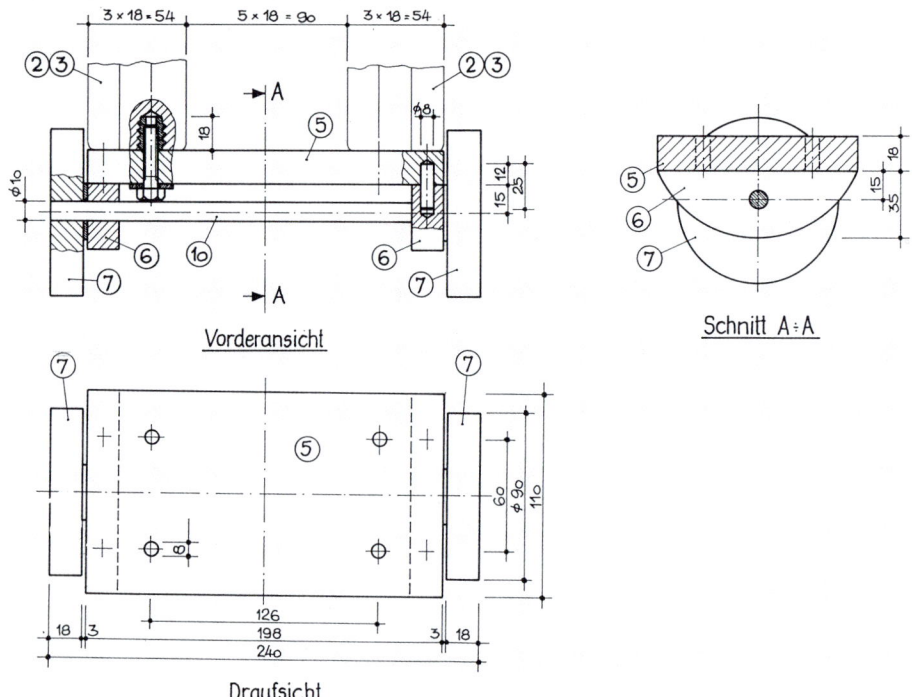

Vorderansicht

Schnitt A÷A

Draufsicht

Materialliste

Pos.	Anz.	Bezeichnung	Maße in mm	Material
1	5	Korpusteile	900 × 620 *)	
2	6	Hinterbeine	290 × 195 *)	
3	6	Vorderbeine	265 × 155 *)	
4	4	Kufen	1080 × 250 *)	
5	2	Böden	198 × 110	Fichte-Leimholz
6	4	Achslager	110 × 35	18 mm dick
7	4	Räder	∅ 90 mm	
8	2	Stützbretter	198 × 110 **)	
9	1	Sitzplatte	200 × 160	
10	2	Achsen	240 lang	Buche ∅ 10 mm
11	1	Griffstange	290 lang	Buche ∅ 20 mm
12	2	Fußstützen	150 lang	

8 Sechskant-Schrauben M8 × 35 mit Scheiben; 8 Einschraubmuttern M8, DIN 7965; 4 Scheiben
für M10; Holzdübel ∅ 8 × 40 mm oder Dübelstange ∅ 8 mm; Holzleim

*) Rohmaße (siehe Rasterzeichnung); **) die Lage der vier Durchgangsbohrungen entspricht denen in Teil 5; die vier Dübel-
sacklöcher entfallen, dafür sitzen in jeder Stirnseite je drei Bohrungen

200
9
11
1
2
12
3
4
8
110
8
11 × 100 = 1100
8 × 100 = 800

4
2
3
12
150
9
160
290
1
4
12
11

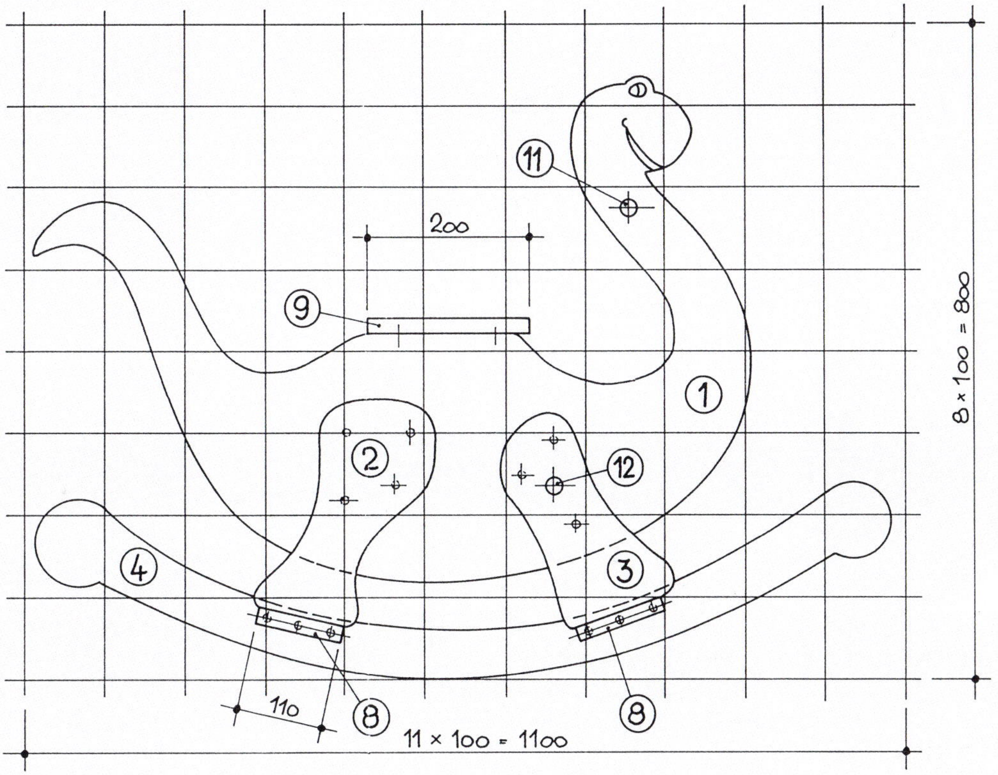

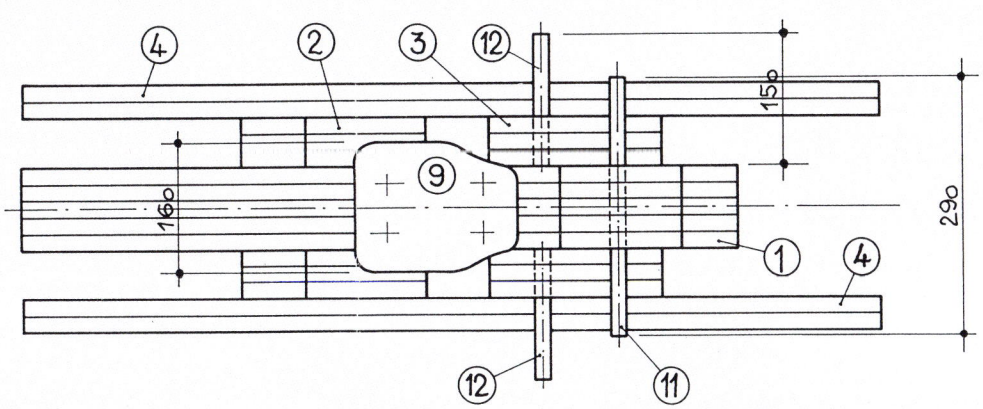

Puppenwagen

Ein robuster Puppenwagen gehört nach wie vor zu den beliebtesten Spielzeugen. Für unseren Bauvorschlag werden übliche Regalbretter aus Kiefernholz benutzt.

Aus nur fünf Brettern von 250 × 600 mm lassen sich alle Teile des Puppenwagens herausschneiden. Zum Zuschneiden der Einzelteile brauchen Sie weder eine Tischkreissäge noch eine Handkreissäge mit Führung.

Wenn Sie ein scharfes Sägeblatt benutzen und sorgfältig arbeiten, kommen Sie auch mit der elektrischen Stichsäge durchaus zurecht.

Am besten übertragen Sie die Umrisse der Teile nach Maßgabe unserer Zeichnungen mit kräftigen Bleistiftstrichen so auf das Leimholz, so daß die Maße genau stimmen, wenn Sie die Striche »weggesägt« haben. Wie die Zeichnung auf Seite 77 zeigt, entsprechen die bogenförmigen Ausschnitte einem Kreis mit einem Radius von 275 mm. Da die Ausschnitte 60 mm tief sind, liegt der Kreismittelpunkt 215 mm über einer auf Rohmaß zugeschnittenen Seitenwand. Der Kreis läßt sich leicht mit einem an einer Schnur befestigten Bleistift schlagen. Vor dem Zusammenbau werden die Kanten der Einzelteile mit Schwingschleifer oder Bandschleifer geglättet.

Sind die Seitenteile vorbereitet, werden Stirnseiten und Bodenplatte zunächst auf Rohmaß zugeschnitten und probeweise zwischen die Seiten gefügt. Nun lassen sich die schrägen Kanten an Stirnseiten und Bodenplatte anreißen. Um sie passend zu sägen, wird das Sägeblatt der Kreissäge bzw. die Fußplatte der Stichsäge entsprechend eingestellt.

Verschrauben und verleimen Sie anschließend die Stirnseiten sowie die Bodenplatte des Puppenwagens mit den Seiten. Damit die verwendeten Spanplattenschrauben nicht zu sehen sind, werden sie in 10 mm tiefe Sacklöcher gesetzt, die man später mit entsprechend abgelängten Dübelhölzern verschließt. Der Schnitt C-C auf Seite 78 zeigt dieses Detail. Wo die Seitenwände im Randbereich angebohrt werden müssen, haben wir 8-mm-Löcher, für die vom Rand abgesetzten Verbindungsstellen mit der Bodenplatte 14-mm-Löcher gewählt.

Ist der Korpus fertiggestellt, werden die beiden Griffleisten abgelängt und an der Unterseite schräg zugeschnitten. Um die Löcher für die Griffstange zu bohren, benötigt man einen Bohrständer und einen 30-mm-Forstnerbohrer. Nachdem Sie beide Teile durchbohrt haben, werden die oberen Enden mit Raspel und Schleifklotz gerundet. Dann die Griffstange einleimen und das Ganze mit dem Korpus verbinden. Leim und

Alle Einzelteile – hier die Scheibenräder – können mit der Stichsäge ausgeschnitten werden. Eine Leiste mit zwei Nägeln dient zum Anreißen der Kreise

Sind alle Teile zugeschnitten, erhalten die Seiten 10 mm tiefe Sacklöcher, durch die man selbstschneidende Verbindungsschrauben dreht

Die Detailaufnahme zeigt die Verbindung: Nachdem die Schrauben eingedreht sind, werden die Löcher durch Dübelhölzer geschlossen

Zum Schneiden der Gewinde werden die Alustäbe unter Verwendung von Hartholzzulagen im Schraubstock festgespannt

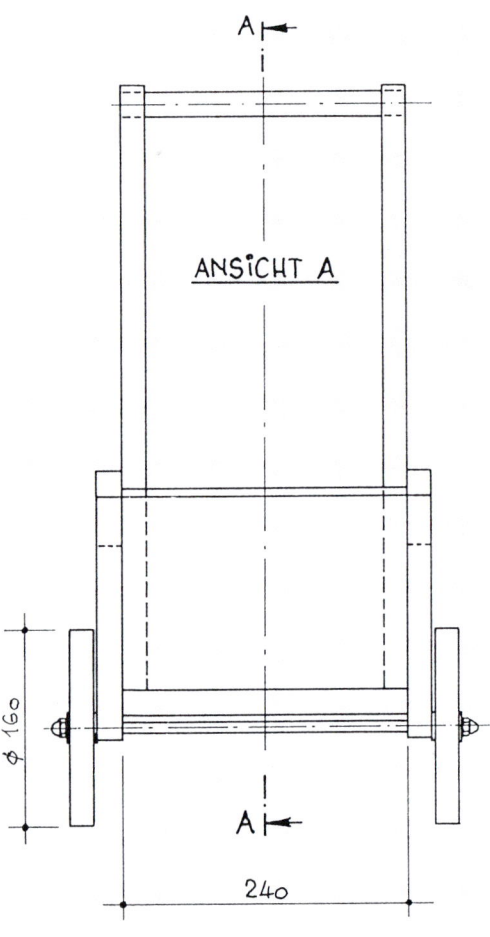

A

ANSICHT A

A

ø 160

240

Das Montieren der Räder: Unterlegscheiben zwischen Holzrädern und Korpus sorgen für freien Lauf. Zuletzt die Hutmuttern festziehen

je zwei Spanplattenschrauben fixieren die Griffleisten.

Zum Ausschneiden der vier Scheibenräder wird die Stichsäge mit einem speziellen Kurvensägeblatt bestückt. Zur Aufnahme der Achsen erhalten die Räder und die Seitenwände Bohrungen von 8 mm Durchmesser. Als Achsen dienen 8 mm dicke Alu-Rundstäbe. Dieses Material ist ausreichend stabil, läuft mit geringer Reibung und läßt sich leicht mit einem Gewinde versehen. Am besten schneiden Sie die beiden Achsen zunächst mit etwas Längenzugabe zu.

Schneiden Sie auf einer Seite der Achse das Gewinde so weit, daß eine Hutmutter fest aufgedreht werden kann. Schieben Sie dann ein Rad mit U-Scheiben auf, stecken Sie die Achse durch

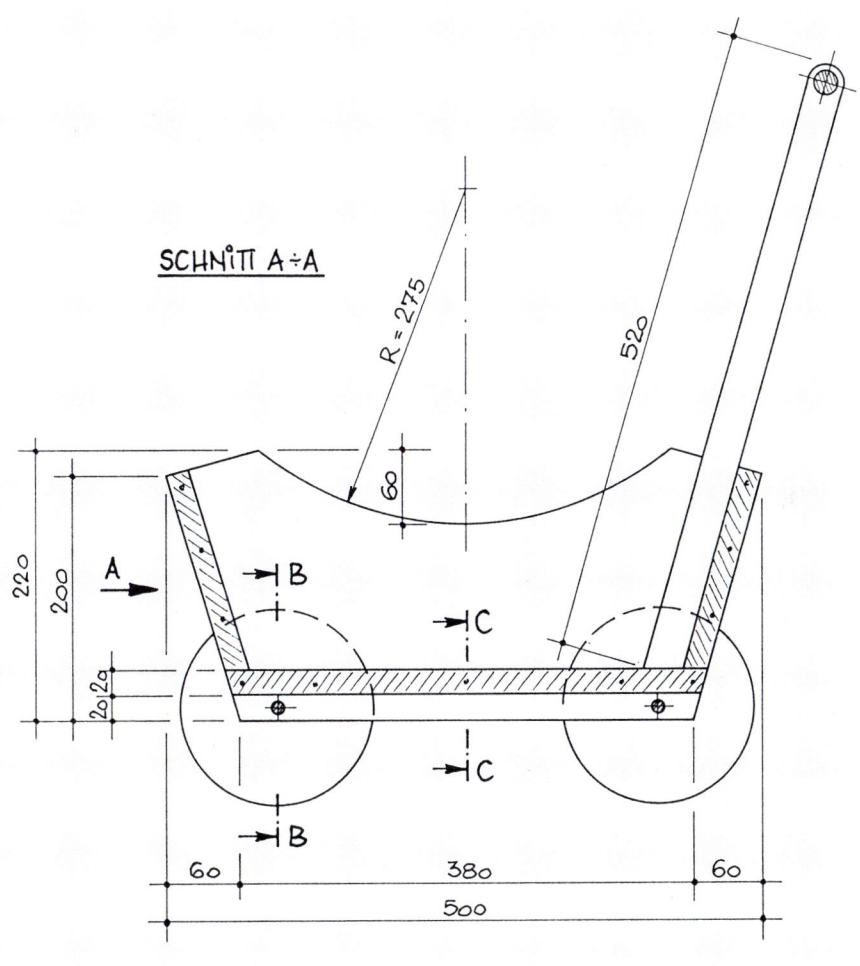

SCHNITT A÷A

Materialliste

Anz.	Bezeichnung	Maße in mm	Material
2	Seitenwände	500 × 220	
2	Stirnwände	240 × 175 *)	Kiefernleimholz
1	Bodenplatte	240 × 410 *)	18 mm dick
2	Griffleisten	520 × 40	
4	Räder	∅ 160 mm	
1	Griffstange	240 lang	Ramin ∅ 30 mm

2 Alu-Rundstäbe 8 mm Durchm., 341 mm lang; 22 Spanplattenschrauben 5 × 50 mm; 8 U-Scheiben für M8; 4 Hutmuttern für M8, DIN 917, niedrige Form; Dübelholz 8 mm und 14 mm

*) Rohmaße

die Seitenwände und schieben Sie auch auf der anderen Seite Rad und U-Scheiben auf. Nun können Sie genau markieren, wo die Achse abgelängt und mit dem zweiten Gewinde versehen werden muß. Geringe Differenzen, die beim Zuschneiden der Holzteile entstanden sein können, werden so berücksichtigt. Sind die Hutmuttern jeweils an beiden Enden der Achsen fest aufgedreht, muß zwischen U-Scheiben und Rädern ausreichend Spiel bleiben, ohne daß die Räder wackeln. Der Schnitt B-B zeigt die Achskonstruktion im Detail. Alternativ können Sie auch Achsen aus Buchenholz-Rundstäben verwenden, die Sie in die Radscheiben einleimen. Haltbarer sind aber Aluachsen.

Wird mit dem Puppenwagen häufig im Freien gespielt, können sich die Laufflächen der Holzräder leicht abnutzen. In diesem Fall empfiehlt

sich die Montage fertig gekaufter Spielzeugräder mit Laufflächen aus Hartgummi.

Die Oberfläche des Puppenwagens haben wir farblos gewachst. Diese Behandlung macht am wenigsten Arbeit und gibt dem Holz einen besonders warmen Ton, eignet sich jedoch nicht, wenn das Spielzeug gelegentliche Regennächte im Garten überstehen soll. In diesem Fall hilft nur eine fachgerecht aufgebaute Lackierung mit – natürlich giftfreien und speichelechten – Klar- oder Buntlacken.

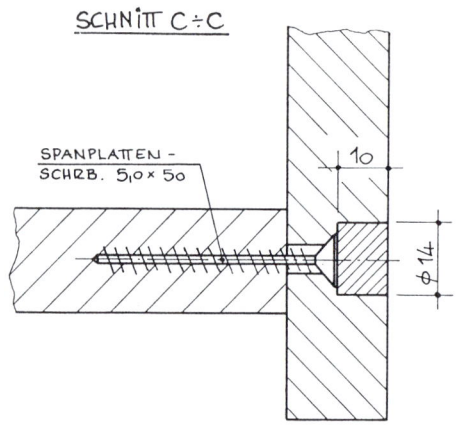

SCHNITT C÷C

SPANPLATTEN –
SCHRB. 5,0 × 50

10

⌀ 14

Ein robuster Puppenwagen aus massivem Kiefernleimholz, den auch Anfänger problemlos nachbauen können

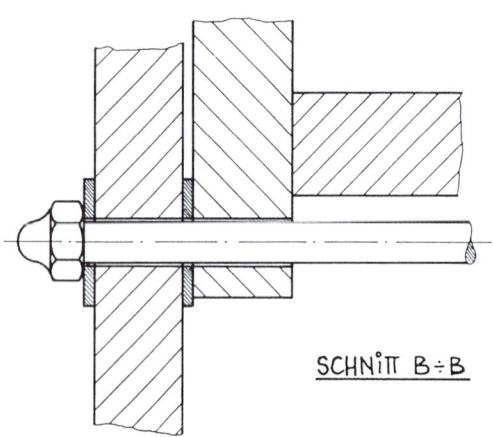

SCHNITT B÷B

Schnitt C-C zeigt, wie die stumpfe Schraubverbindung durch eingeleimte Dübelhölzer verdeckt wird. Im Schnitt B-B erkennen Sie die Achskonstruktion. Alternativ sind auch mit den Radscheiben verleimte Holzachsen möglich

Register

In der FALKEN-Reihe »DO IT YOURSELF« bieten wir Ihnen auch folgende Bücher an:

Metall bearbeiten (Nr. 1119)
Betonieren, Mauern, Fliesen (Nr. 1159)
Elektrogeräte reparieren (Nr. 1160)
Badezimmer renovieren (Nr. 1199)
Autoreparaturen (Nr. 1211)
Lichteffekte mit Halogen (Nr. 1237)
Technik im Garten (Nr. 1238)
Dachgeschoß- und Innenausbau (Nr. 1243)
Drechseln (Nr. 1306)
HiFi-Boxen (Nr. 1307)
Alarmanlagen für Wohnung, Haus,
   Auto (Nr. 1308)
Satellitenantennen (Nr. 1359)
Möbel im Designerstil (Nr. 1360)

Schnitzen (Nr. 1414)
Telefon, Fax & Co. (Nr. 1419)
Möbel für Kinderzimmer
   und Wohnbereich (Nr. 1456)
Solarstromanlagen (Nr. 1457)
Wohnobjekte aus Metall (Nr. 1504)
Mountainbike-Reparaturen (Nr. 1505)
Hausbau für Selbermacher (Nr. 1545)
Elektronik im Modellbau (Nr. 1564)
Musikelektronik (Nr. 1584)
Befestigungstechnik, Dübeln, Schrauben,
Nieten, Kleben, Tackern (Nr. 1599)
Fahrradreparaturen (Nr. 1633)
Reparaturen in Haus und Garten (Nr. 1655)

ISBN 3 8068 1163 6

© 1993/1998 by Falken-Verlag GmbH, 65527 Niedernhausen/Ts.

Titelbild: Pool Gesellschaft für Werbefotografie mbH, Griesheim
Fotos und Zeichnungen: Archiv des Autors; Archiv der Deutschen Heimwerker Akademie
Nachauflagenredaktion: Konrad Haase
Reinzeichnung des Vorlagebogens: Ulrike Hoffmann, Bodenheim

Die Ratschläge in diesem Buch sind von dem Autor und vom Verlag sorgfältig erwogen und geprüft, dennoch kann eine Garantie nicht übernommen werden. Eine Haftung des Autors bzw. des Verlags und seiner Beauftragten für Personen-, Sach- und Vermögensschäden ist ausgeschlossen.

Satz: Filmsatz Schröter GmbH, München
Druck: Ernst Uhl, Radolfzell
Gesamtherstellung: VerlagsService Dr. Helmut Neuberger und Karl Schaumann GmbH, Heimstetten